BARBARA BERCKHAN

ASSEZ
trimé!

Dans la même collection

Hypersensible et bien dans ma peau, Susanne Moeberg
Je lâche prise, Heike Mayer
S'aimer rend fort, Stefanie Carla Schäfer

Catalogue gratuit sur simple demande
Éditions Jouvence
France : BP 90107 – 74161 Saint-Julien-en-Genevois Cedex
Suisse : route de Florissant 97, 1206 Genève
Site Internet : www.editions-jouvence.com
E-mail : info@editions-jouvence.com

Titre original : *Genug geschuftet !*
© 2016 Scorpio Verlag GmbH & Co. KG, München

© Éditions Jouvence, 2017 pour la version française
Traduit de l'allemand par Nina Prinzhorn
ISBN : 978-2-88911-886-1

Mise en pages : François Grandperrin
Couverture : Éditions Jouvence

BARBARA BERCKHAN

ASSEZ trimé!

Faire moins pour accomplir plus

Traduit de l'allemand par Nina Prinzhorn

TABLE DES MATIÈRES

Chapitre 3

SOYEZ LE BIENVENU !

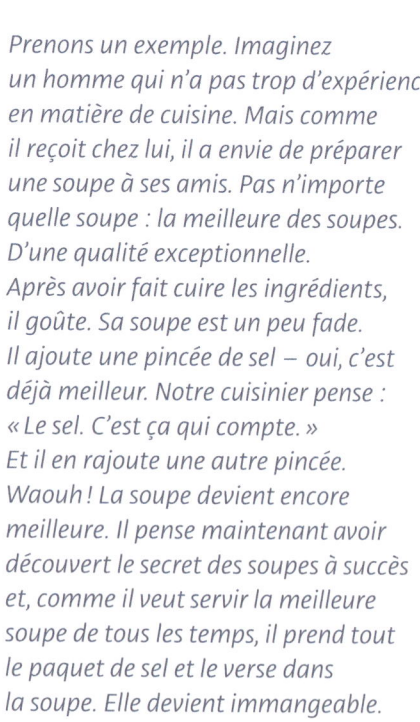

Vous l'avez sans doute remarqué : un monument est tout doucement en train de s'effriter. Il s'agit du monument de la productivité. Travailler beaucoup, rester tard au bureau ou encore ramener du travail chez soi – une telle démarche était, pendant longtemps, très bien vue. Bon nombre de gens pensent que le succès est le fruit du labeur : lorsqu'on se décarcasse, on avance et on y arrive. Aujourd'hui, nous sommes de plus en plus nombreux à en douter. Nous sommes devenus plus sceptiques, car beaucoup de grands bosseurs paient le prix fort. Baisse d'audition, infarctus, burn out : tels sont les risques et les effets secondaires de cette frénésie du travail. Du succès sur le plan professionnel – un grand vide sur le plan personnel. La question finit par se poser : est-ce bien nécessaire ? Devons-nous en arriver là pour avancer ? Sommes-nous obligés de nous sacrifier pour réussir ? Non et encore non.

Travailler beaucoup ne veut pas automatiquement dire avoir beaucoup de succès ou beaucoup d'argent. Au contraire, il y a un point où en faire de plus en plus rapporte de moins en moins.

Prenons un exemple. Imaginez un homme qui n'a pas trop d'expérience en matière de cuisine. Mais comme il reçoit chez lui, il a envie de préparer une soupe à ses amis. Pas n'importe quelle soupe : la meilleure des soupes. D'une qualité exceptionnelle. Après avoir fait cuire les ingrédients, il goûte. Sa soupe est un peu fade. Il ajoute une pincée de sel – oui, c'est déjà meilleur. Notre cuisinier pense : « Le sel. C'est ça qui compte. » Et il en rajoute une autre pincée. Waouh ! La soupe devient encore meilleure. Il pense maintenant avoir découvert le secret des soupes à succès et, comme il veut servir la meilleure soupe de tous les temps, il prend tout le paquet de sel et le verse dans la soupe. Elle devient immangeable.

Le credo « Beaucoup rapporte beaucoup » est tout simplement faux ! Il faut ce qu'il faut. Tout comme le sel dans la soupe, ce qu'il faut, c'est plutôt moins. Lorsque les gens en font trop, ils courent le risque de « gâcher la soupe », et donc d'échouer. La situation devient tragique quand ces personnes hyperactives essaient de sortir de leur misère en faisant encore davantage d'efforts. À ce propos, il existe une belle citation de Stephen Covey, un expert américain en auto-management :

« "Faire ce qu'il faut" ne veut pas dire "en faire plus, plus rapidement". »

> Si vous voulez accomplir quelque chose dans votre vie, alors arrêtez de faire de plus en plus d'efforts. Essayez plutôt d'en faire moins.
> Juste ce qu'il faut. Délestez-vous du superflu et concentrez-vous sur l'élément clé qui vous rendra efficace. Travaillez avec intelligence plutôt qu'avec acharnement.
> Ainsi, avec moins d'efforts, vous pourrez accomplir davantage. Ce livre vous montre comment cela fonctionne.

MALIN PLUTÔT QUE TURBIN

Vous trouverez ici des conseils pratiques pour sortir du : « J'en fais trop » et embrasser le : « Moins c'est bien ». Pour cela, vous n'avez pas besoin de changer de vie ou de personnalité. Ce sont les petits – mais néanmoins géniaux – changements qui ont beaucoup d'effet. Avant de commencer, je voudrais remercier les participants à mes séminaires. Ils m'ont toujours montré quels conseils, parmi les miens, étaient précieux et quels conseils je pouvais laisser tomber. C'est à eux également que je dois les études de cas et les exemples que je cite ici.

J'espère que vous trouverez dans ce livre beaucoup de suggestions et de recettes utiles, à même de vous faciliter et de vous alléger la vie. Comme toujours dans ce genre de guides : essayez ce qui pourrait vous être utile et ignorez le reste. Il n'y a aucune obligation, uniquement de l'inspiration et de l'encouragement. Tirez-en le meilleur. Je vous souhaite beaucoup de plaisir à la lecture.

Barbara Berckhan

Chapitre 1

Mille choses à gérer : comment venir à bout du quotidien

*Dans ce chapitre,
vous apprendrez :*

★ pourquoi les broutilles ne sont pas des broutilles ;

★ comment maîtriser les bricoles
du quotidien ;

★ comment stopper facilement
les personnes qui vous volent
du temps et de l'énergie ;

★ comment vous sortir
du « J'en fais trop » ;

★ pourquoi un égoïsme sain
est si important.

NE VOUS NOYEZ PAS DANS LES BROUTILLES

L'aisance est sœur de la facilité.
Si vous voulez vivre avec moins de peine,
allégez votre quotidien. Lâchez du lest :
laissez toutes ces choses qui vous volent
votre temps et votre énergie.
Et nous commencerons par un poids
que nous avons tendance à négliger,
tant il nous semble – en apparence –
anodin. Mais ce n'est justement
qu'une apparence. En réalité, il s'agit
d'un élément incroyablement
chronophage : le quotidien
et toutes ses petites broutilles.

Si vous avez l'impression de ne pas avancer dans votre vie, tout en étant sans arrêt occupé, vous êtes victime des broutilles du quotidien. Ne vous faites pas berner par le mot « broutilles » : ces choses ne sont pas aussi insignifiantes qu'elles en ont l'air. Les broutilles ne sont pas que des broutilles. Si elles prennent le dessus, nous sommes bloqués. J'entends souvent des gens me dire : « J'aimerais bien écrire un livre, moi aussi », ou bien : « Un jour, je serai indépendant et je monterai ma propre affaire. » Mais qu'est-ce qui empêche les gens de se lancer tout de suite ?

Ce sont toutes ces choses ordinaires à faire au quotidien qui les entravent. Ces personnes n'ont plus le temps pour les grands projets, qu'elles remettent à plus tard. Et elles en restent là, si le quotidien continue à prendre autant de place.

Les broutilles ne sont pas des broutilles. Elles vous empêchent de réaliser vos projets d'envergure.

Bien que des millions d'adultes se battent tous les jours avec le quotidien, peu d'études portent sur ce sujet. Je n'ai pas trouvé une seule étude scientifique traitant de la genèse et du développement des broutilles. Je n'ai eu guère d'autre choix que de faire mes propres recherches et je peux vous en présenter ici les premiers résultats.

LES BROUTILLES – D'OÙ VIENNENT-ELLES ET COMMENT VIVENT-ELLES ?

La première chose que l'on peut constater au sujet des broutilles est leur insignifiance. Chaque broutille,

prise de manière isolée, n'est rien.
Pas la peine d'en parler. C'est la raison
pour laquelle ces petites choses-là
s'accompagnent souvent d'expressions
comme « vite fait », « c'est rien », « c'est
juste une bricole ». C'est à ces formules
que vous pouvez immédiatement
reconnaître une broutille.
C'est à ce moment-là que l'on découvre
qu'elle n'est jamais seule. Ce sont
les broutilles. Elles apparaissent
en masse, comme un raz de marée :
monter le nouveau miroir dans la salle
de bains, acheter un cadeau pour tante
Sophie, conduire la voiture au contrôle
technique, changer l'ampoule cassée
du grenier, coudre le costume pour
le carnaval du petit, ranger le dressing,
installer le nouveau logiciel dans
l'ordinateur. Et le tout pour avant-hier,
si possible.

Ce ne sont que des détails, mais il est
difficile de les ignorer. Car toutes
ces futilités trouvent une niche dans
notre quotidien et là, elles s'étalent.
Elles collent, sous forme de post-it sur
les murs et les portes des réfrigérateurs.
Ou alors elles viennent allonger
une to-do list qui finit enfouie quelque
part sur le bureau.
*Mais ce que les broutilles aiment
par-dessus tout, c'est occuper nos têtes.*

Elles grignotent notre cerveau et
provoquent un sentiment de stress :
« J'ai encore tant de choses à gérer.
Je ne sais pas par où commencer. »
« J'ai tellement de trucs à faire,
je ne dois rien oublier. »
Lorsque ces pensées vous traversent,
vous êtes probablement déjà en train
de vous noyer dans vos broutilles
quotidiennes.

LES FOYERS DES BROUTILLES QUOTIDIENNES

Trucs et astuces

Pour ne pas être submergé par les futilités, il est judicieux d'apprendre à en connaître le fonctionnement. C'est l'unique manière de les empêcher de se développer et de vous prendre tout votre temps. Voilà pourquoi j'ai dressé pour vous une liste claire de leurs principales caractéristiques.

Leurs signes distinctifs

⭐ Les broutilles ont l'air anodines. Elles se déguisent en bagatelles et véhiculent l'image de choses faciles à gérer. Elles s'accompagnent souvent des expressions : « Je ne dois pas oublier », « Il faut absolument que j'y pense… »

Leur mode d'apparition

⭐ Les broutilles apparaissent toujours en meute. Plusieurs tâches différentes se regroupent et exigent d'être accomplies dans les plus brefs délais.

Leur comportement au quotidien

⭐ Les broutilles aiment être envahissantes et ont tendance à toujours vouloir passer en premier. Certaines réussissent à attirer immédiatement l'attention. Elles créent une pression supplémentaire avec les mots : « Urgent ! », « Vite ! », « Ca presse ! »

Leurs lieux de nidification

⭐ Les broutilles se sentent à l'aise partout, mais principalement dans la tête des gens, où elles essaient de gagner de la place. Une fois installées, elles peuvent faire du raffut vingt-quatre heures sur vingt-quatre. Leurs nids intermédiaires sont les piles de papiers sur les bureaux, les paniers, les blocs-notes à côté du téléphone, les petits bouts de papier et les listes accrochées de manière bien visible.

L'origine des broutilles

⭐ Chaque engagement que nous prenons entraîne, au fil du temps, de petites tâches à accomplir. Des choses à faire. Souvent, nous ne décelons pas tout de suite la véritable ampleur des broutilles liées à cet engagement. La formule est simple : beaucoup d'obligations – beaucoup de broutilles.

NE RECHERCHEZ PAS LA PERFECTION, MAIS L'ESSENTIEL

Au cours de mes expéditions au royaume des futilités, j'ai découvert que certains traits de caractère sont propices aux broutilles. Par exemple une personne ayant une légère tendance au perfectionnisme. Quelqu'un de très méticuleux qui voudrait tout faire de manière irréprochable. Normalement, cette qualité n'est pas un problème, mais lorsqu'il s'agit des broutilles, le perfectionnisme devient un amplificateur puissant. Autrement dit :

Celui qui a une tendance à être perfectionniste attire les broutilles tel un aimant. Oui, le perfectionniste est le premier à découvrir les broutilles.

Il ou elle remarque que le tableau au mur est un peu de travers. Personne d'autre ne l'a vu. Et quand bien même, beaucoup de non-perfectionnistes parviennent à ignorer un tel petit défaut esthétique – ce n'est pas le cas du perfectionniste. L'imperfection lui saute aux yeux et le perfectionniste a tendance à s'y accrocher. Alors il va remettre le tableau à l'endroit et, ce faisant, il constate qu'une fine couche de poussière recouvre le dessus du cadre. Il se dit : « Tant qu'à faire, je peux aussi l'essuyer. » Et si la poussière s'est accumulée sur ce cadre, il y en a forcément sur les autres. Et tant qu'on a déjà le chiffon à la main, on peut en profiter pour essuyer tous les cadres. Et, lorsqu'on y regarde de plus près, on se rend compte que la lampe, elle aussi, est poussiéreuse, et ainsi de suite. Une broutille mène à une autre, puis à une autre.
La force du perfectionniste réside dans le détail, dans son côté minutieux. Mais c'est exactement ce qui peut lui être fatal, c'est pourquoi il risque de se noyer dans les futilités. Dans ce cas, il n'y a pas seulement beaucoup à faire, c'est tout simplement sans fin.

❧

Ce sont avant tout les perfectionnistes qui ont besoin d'être clairvoyants quant à l'essentiel, pour mieux gérer les broutilles. La minutie et la précision font partie de l'essentiel. Il suffit de traiter les choses insignifiantes en masse. Cela implique d'en ignorer sciemment certaines et d'en traiter d'autres de manière superficielle.

AVEC LA DÉTERMINATION D'UN CHASSEUR DE DRAGONS

Reste à savoir si nous sommes condamnés à nous battre à vie avec les broutilles du quotidien. Une existence sans ces pénibles banalités est-elle possible ? Probablement pas. Mais au cours de mes recherches scientifiques sur les broutilles, j'ai fait une découverte intéressante. Les broutilles ne se laissent certes pas éliminer, mais on peut les apprivoiser. Nous pouvons les dresser et les maîtriser.

Pour ce faire, il vous faut une certaine dose de courage. La détermination d'un chasseur de dragons ne serait pas mal, car les broutilles du quotidien sont coriaces. Elles râlent et réclament sans cesse votre attention. Parfois, elles vous susurrent d'une voix mielleuse : « Lorsque tu en auras fini avec moi, ta vie sera plus belle. » Ne les croyez pas. Les broutilles repoussent. Quand vous en avez fini avec une montagne, vous êtes au pied de la prochaine. Il est conseillé de développer un regard d'aigle. Regardez bien et demandez-vous : D'où peuvent bien venir toutes ces obligations et toutes ces tâches à accomplir ?

Pourquoi tout cela atterrit chez moi ?

Si vous avez la réponse à cette question, vous avez déjà énormément avancé. À présent, vous pouvez vous attaquer à la maîtrise des broutilles.

> *Mes recherches me permettent de vous présenter les méthodes de domptage les plus efficaces. Vous les trouverez emballées de manière compacte sur la double page suivante. Ainsi, vous maîtriserez les broutilles de votre quotidien.*

LE CONSEIL ULTIME EN MATIÈRE DE DOMPTAGE DE BROUTILLES

Voulez-vous connaître le conseil ultime pour maîtriser les broutilles encore plus facilement ?

Changez l'ordre dans lequel vous accomplissez vos tâches. Les broutilles doivent arriver à la fin, jamais au début.

Si vous commencez toujours par les futilités avant de vous attaquer aux choses importantes, vos priorités risquent de passer à la trappe. Un exemple : vous devez nettoyer vos fenêtres et préparer un examen. Le mauvais ordre est de vous occuper d'abord des fenêtres et de bûcher ensuite. En faisant cela, vous donnez aux broutilles (laver les carreaux) une bien trop belle part de votre meilleure énergie et de votre temps. L'élément qui vous fera vraiment avancer (l'examen) doit alors se contenter de l'énergie qui vous reste. L'inverse est plus facile : faites d'abord ce qui est important pour votre vie et ensuite occupez-vous des futilités. Depuis que j'écris des livres, je me suis habituée à commencer mes journées par l'écriture. Je travaille d'abord deux à trois heures à mon manuscrit, pour me consacrer ensuite à ce qui m'attend par ailleurs. Peu importe le nombre de bricoles qui m'assailliront plus tard, j'ai accompli le plus important.

Avant que je n'adopte ce principe simple de fonctionnement, les broutilles pouvaient m'assiéger pendant toute la journée. Je pensais devoir faire « table rase » pour libérer de la place pour écrire. Ainsi, je m'occupais dès le matin de la panne de la machine à laver, d'éplucher le courrier et d'y répondre, de faire mes factures, etc. En fin d'après-midi, j'avais fini et je comptais commencer à écrire. J'étais un peu épuisée et j'avais d'abord besoin d'un thé. Et lorsque vers 18 heures je me mettais réellement au travail, je n'étais capable d'écrire que deux phrases. Ma créativité et mon énergie avaient été épuisées pour la journée. Si j'avais continué de la sorte, j'aurais mis dix ans à terminer mon premier livre. Heureusement, j'ai découvert que des machines à laver cassées et d'autres bricoles routinières ne nécessitaient pas tant d'énergie. Pour elles, nous n'avons pas besoin de donner le meilleur.

Ce qui est important dans notre vie nécessite pleinement notre meilleure heure de la journée et notre plus belle énergie. Les broutilles doivent rester en marge.

COMMENT DOMPTER LES BROUTILLES

1

Ne vous chargez pas trop

Quand on s'investit dans beaucoup
de projets, on est vite débordé.
Séparez l'important du futile. Vérifiez tous
les engagements que vous avez pris, et si oui
ou non vous comptez les tenir. Si ce n'est
pas le cas, éliminez-les. Et n'oubliez pas
qu'à chaque nouvel engagement
que vous prenez vous récoltez également
tout un lot de broutilles.

2

*Débarrassez-vous des broutilles en deux
temps trois mouvements*

Vous pouvez prendre en charge la plupart
des broutilles sans trop dépenser d'énergie.
Alors n'en faites pas l'œuvre de votre vie.
Il suffit de le faire « vite fait, bien fait ».
Économisez votre rigueur pour les choses
plus essentielles. Tous les détails sont
à régler avec un minimum d'effort.

3

Triez et jetez

Plus on accumule de choses, plus on en pâtit. Les tiroirs
et les étagères bondés, les placards de cuisine débordants,
les caves ou les greniers encombrés – d'abord on perd en visibilité,
puis on perd du temps à chercher. Lorsque les choses insignifiantes
viennent se nicher dans les creux de votre quotidien, il ne reste
qu'une solution : les jeter ! Tout ce que vous n'avez pas touché
depuis douze mois est candidat potentiel à la poubelle
(journaux, vêtements, etc.).

4
Regroupez les tâches

Épargnez-vous des déplacements inutiles
et regroupez les tâches similaires.
Acheter des timbres, aller à la poste,
ouvrir un compte bancaire,
faire un double des clés de la boîte
aux lettres : tout ça, vous pouvez le faire
d'une seule traite. Planifiez-le en une fois,
préparez le nécessaire et vous pouvez
rayer ces broutilles de la liste.

5
Choisissez des affaires faciles
à entretenir

Lors de vos nouvelles acquisitions,
veillez à ne pas accumuler de nouvelles
broutilles. Certaines belles pièces
ou certaines super promotions s'avèrent
être de nouveaux boulets à la maison.
Par exemple, des habits qu'on doit
porter au pressing ou des meubles
qui nécessitent plus de soins que
des animaux domestiques. Évitez
trop de déco et les petites babioles
qui viennent vous rappeler l'existence
de la poussière.

6
Le plus important d'abord

Le plus important est à traiter en priorité,
pas à la fin. Si vous commencez
par les futilités, celles-ci dévoreront tant
de temps qu'il ne restera plus de place
pour l'essentiel. Fixez vos priorités
et respectez-les.

C'est seulement lorsque
NOUS LÂCHONS
certaines choses
que nous trouvons LA liberté
de nous pencher
sur L'ESSENTIEL.

Stephen Covey

SE DÉBARRASSER
DES VOLEURS D'ÉNERGIE

Trucs et astuces

Qu'est-ce qui peut pourrir votre quotidien encore davantage que les broutilles ? Les voleurs d'énergie. Des personnes et certaines situations qui vont définitivement vous achever. Voici le top 4 des énergivores basé sur les exemples donnés par les participants à mes séminaires.

~~~

Les potins

⭐ « Là où je travaille, ça papote à tire-larigot. Qui a une histoire avec qui, qui lèche les bottes du patron, qui n'aime pas qui – c'est radio ragot. Bien sûr, la moitié des choses n'est pas vraie et le reste est tout simplement exagéré, mais ces rumeurs ont beaucoup de pouvoir. Et ça pompe du temps et de l'énergie à n'en pas finir. »

Les réunions avec des fanfarons

⭐ « Ce sont les réunions qui me coûtent vraiment beaucoup d'énergie, le grand moment des frimeurs et des m'as-tu-vu. C'est énervant, car les points concrets qu'on doit aborder sont négligés. 90 % de spectacle pour seulement 10 % de résultats productifs. Pendant ce temps-là, j'aurais pu faire des choses plus utiles. »

Urgent !

⭐ « Je travaille de manière très structurée, j'ai ma propre gestion du temps et d'habitude tout se passe très bien. Ce qui m'agace profondément, ce sont les urgences qui atterrissent sur mon bureau à la dernière minute. Je n'ai aucun problème à mettre la main à la pâte en cas de charrette, mais ces missions urgentes ont souvent déjà passé quelques jours sur le bureau d'un autre. Elles ont été zappées, et du coup c'est à moi de laisser tomber mon travail pour dépanner. Et ce qui m'énerve le plus, c'est quand le mot urgent est faux et qu'on veut simplement mettre la pression. Cette manie de l'urgence me rend dingue. »

⭐ « Ce qui prend énormément d'énergie, ce sont les coups de fil à problème. Ma belle-mère m'appelle tous les deux jours pour se plaindre. Elle parle essentiellement de ses douleurs et du fait que personne ne s'occupe d'elle. Mon amie, qui est en plein divorce, me téléphone lorsqu'elle ne va pas bien. Parfois je me sens comme un dépotoir. Les autres me déversent leur mal-être. »

STOPPER LES VOLEURS D'ÉNERGIE

Pour arrêter les voleurs d'énergie, vous avez besoin de détermination. Ce sont souvent les proches qui nous tourmentent et ce n'est pas facile de mettre fin à une chose que vous avez peut-être acceptée depuis longtemps. Les personnes concernées partent évidemment du principe que cela continuera toujours ainsi. Pour y mettre un terme, vous avez besoin d'assurance intérieure, car vous rompez avec une habitude et – au début – cela agacera votre entourage. Mais vous n'avez pas besoin de vous disputer avec les autres. Souvent, il suffit d'expliquer calmement ce que vous souhaitez changer.

1. Prenez une décision ferme

Avant d'entamer la discussion, soyez clair avec vous-même. Décidez de ce que vous voulez stopper ou changer.

2. Exprimez clairement votre souhait

Vous expliquez à l'autre ce que vous ne voulez plus, ce que vous n'êtes plus prêt à accepter. C'est plus facile pour l'autre lorsque vous formulez votre souhait sous forme de demande. Justifiez votre souhait, mais faites-le brièvement. Pas de longues justifications. Si votre demande n'est pas prise au sérieux, répétez-la avec plus d'insistance, mais évitez les reproches et les phrases du style « C'est de ta faute. » Cela risque de déboucher sur une dispute qui vous coûtera du temps et de l'énergie.

3. Ne donnez plus d'énergie aux voleurs d'énergie

Après avoir donné vos arguments, restez sur vos positions. En pratique cela veut dire qu'à chaque fois que le voleur d'énergie essaiera de vous accaparer, vous direz non. Vous mettez des limites, fermez les oreilles ou partez carrément – vous ne prêtez plus attention à lui.

ADIEU AU SURMENAGE

Dans ce monde, les vrais bosseurs rencontrent un problème intéressant : ils ont toujours énormément de choses à faire. D'une façon ou d'une autre, ils sont toujours occupés – ce qui est un peu étrange. En réalité, les personnes compétentes devraient disposer de beaucoup de temps, justement parce qu'elles sont si efficaces qu'elles accomplissent leurs tâches rapidement. Mais la réalité est tout autre : pour tous ceux qui savent mettre la main à la pâte, les missions inachevées constituent une matière première en constante expansion. Bien sûr, ils nourrissent tous l'espoir à terme d'une belle vie confortable – à condition d'avoir tout terminé. Mais leur *to-do list* ne se réduit jamais.

Regardons les faits : tout finir d'abord et avoir la belle vie ensuite, cela ne marche pas. Pour la simple et bonne raison que la liste des choses à accomplir ne finit jamais. Si vous espérez une vie meilleure, il ne vous reste qu'une chose à faire : embellissez votre vie maintenant.

D'ABORD LE TRAVAIL, ET ENSUITE ?

Je sais, pour beaucoup de grands bosseurs cette idée est inhabituelle. Ils ont grandi avec un ordre différent en tête : d'abord le travail, ensuite le plaisir. Ces messages éducatifs sont profondément ancrés dans notre âme. Ils ne se laissent pas si facilement ignorer, sauf lorsque nous sommes confrontés à une crise, comme une maladie potentiellement mortelle. Dans ces situations-là, les gens changent souvent leurs principes fondamentaux. Je pense à toutes ces personnes qui reconsidèrent leur vie de manière critique après un burn out ou après un infarctus.

»⟶ Beaucoup de gens constatent qu'ils se sont sacrifiés à leur entreprise, à leur carrière ou à leur famille. Ils ont tout fait pour contenter autrui et ont toujours promis de ralentir plus tard – après la prochaine promotion ou après la prochaine augmentation de salaire. « Je fais juste encore ça et après tout sera plus facile » : tel était votre programme.

Pour celui qui est surmené, chaque travail à accomplir porte l'inscription suivante : « C'est à toi de le faire. »

Mais l'infarctus vous a fait un choc. Vous avez pris conscience de votre mortalité et, à partir de ce moment, vous constatez que vous vous êtes trompé de priorités. Un homme de cinquante-deux ans, qui sortait d'une crise cardiaque, m'a dit un jour : « C'est dur de réaliser qu'on s'est trompé. D'abord le travail, ensuite le plaisir – c'est de l'escroquerie. Le plaisir n'attend pas. » Vivre pleinement de son vivant est la chose à faire.

Avez-vous déjà réfléchi à la manière dont le travail vient à vous ? Comment se fait-il que vous ayez tant de choses à faire ?

D'après mon expérience de formatrice en communication et de coach, la plupart des gens ont dû manquer de clairvoyance en ce qui concerne leur propre vie. Mais lorsqu'il s'agit des autres, nous remarquons rapidement de quoi il en retourne. Les autres peuvent être un miroir utile : lorsque nous découvrons des travers

chez eux, nous pouvons rectifier le tir pour nous-mêmes. Voici un exemple de reprise en main : Anne, mariée, mère d'un fils, travaille avec son mari dans leur propre agence de publicité. Anne est efficace, et je l'ai choisie parce qu'elle dit souvent d'elle-même : « Je suis mère et je travaille à mi-temps. » Ça a l'air cool, comme si Anne avait une vie sereine, mais derrière les mots de « mère et travail à mi-temps » se cache une femme complètement débordée.

LE PREMIER QUI VOIT S'Y COLLE

Faites attention à la manière dont le surmenage se met en place chez Anne quotidiennement, jour après jour.

»⟶ Anne gère depuis trois ans avec son mari une agence de publicité petite mais prospère. Les deux ont un fils de cinq ans qui va au jardin d'enfants. Anne travaille à l'agence jusqu'en début d'après-midi, puis elle s'occupe de son fils et de sa maison. Tout ça, elle le fait avec beaucoup d'aisance, elle voit immédiatement ce qu'il faut faire et elle fonce. Elle essaie chaque jour d'en faire le plus possible.

Par exemple : aujourd'hui à l'agence personne n'a le temps de déposer une commande chez l'imprimeur et, pour ne pas laisser traîner les choses, Anne les prend en main. Elle passe chez l'imprimeur avant d'aller chercher son fils au jardin d'enfants, où la fête de l'été est en train de s'organiser. Les parents sont priés de participer et une éducatrice demande à Anne si elle peut refaire le délicieux gâteau aux cerises de l'an dernier. Elle accepte en réfléchissant à quel moment elle pourrait bien faire ce gâteau. En principe elle n'a pas le temps, sauf éventuellement tard le soir lorsque le petit dort. Le ménage fonctionne selon le principe : « Le premier qui voit s'y colle. » Anne voit qu'il manque deux boutons sur la veste de son fils. Elle voit les chemises à repasser, la montagne de linge sale et elle remarque qu'il n'y a presque plus de lait. Elle voit que son fils a un rendez-vous chez le pédiatre et que la voiture aurait besoin d'un lavage. Elle s'attelle donc à la tâche. Comme d'habitude. Son mari ne voit pas grand-chose du ménage, il part tôt et rentre tard. Parfois, il travaille à l'agence le samedi. Les affaires se portent bien, il a rentré de gros contrats qui l'accaparent complètement.

Voici deux phrases qu'une personne surmenée ne prononcera jamais :

« Est-ce que quelqu'un d'autre pourrait s'en occuper ? »

« J'ai besoin d'aide. »

IGNORER LES SIGNAUX D'ALERTE DE SON CORPS

Depuis quelque temps, Anne a parfois l'oreille qui siffle. Le docteur appelle ce phénomène un acouphène. Il a demandé à Anne si elle était stressée. « Qui, de nos jours, ne l'est pas ? » a-t-elle répondu. Non, là, tout de suite, elle ne pouvait pas calmer le jeu, elle avait trop de choses à faire. Anne est perturbée par un autre événement : son mari et elle veulent construire une maison, car la leur est, depuis longtemps, trop petite. Leur fils aura une grande chambre et son mari a besoin d'un bureau à la maison. Anne appréhende la phase de construction : « Qui surveillera le chantier ? C'est à moi de le faire, car mon mari est trop occupé à l'agence et il faut bien que l'un d'entre nous soit sur place pour

éviter d'éventuels problèmes.
Je prendrai donc ça en charge aussi,
sans savoir comment je vais faire.
Je me dis toujours qu'il faut foncer tête
baissée. Je n'ai pas le choix. Un jour
tout ça sera terminé, nous habiterons
une belle maison et je pourrai
me reposer. »

*Faites le test : Avez-vous tendance
à accepter sagement toutes les missions
qui se présentent ?*

Pensez-vous réellement qu'Anne sera
sereine une fois la maison construite ?
Il est plus probable qu'elle continue
à être plus qu'occupée. Lorsque
la maison sera terminée, la terrasse aura
besoin d'être pavée et le jardin aménagé.
Puis son fils ira à l'école, l'agence
s'agrandira et on aura davantage besoin
de l'implication d'Anne. Alors les temps
calmes, ce sera pour quand ?
*Tant qu'Anne continuera à ce rythme,
elle sera surchargée.*

UN ÉGOÏSME SAIN

Ce mélange enfant/travail est
le quotidien de millions de femmes,
mais elles n'ont pas le monopole
du surmenage. J'aurais pu tout aussi
bien raconter le quotidien du point
de vue du mari d'Anne qui, lui aussi,
a du travail par-dessus la tête. Ses tâches
sont simplement moins diversifiées :
pas de gâteau à faire, pas de rendez-vous
chez le pédiatre, mais il doit négocier
tard le soir avec les clients, vérifier
la comptabilité pendant le week-end,
trouver de nouveaux contrats,
avoir tout le temps les affaires en tête.

Pourquoi les besogneux ont-ils
toujours tant à faire et d'où provient
le surmenage ? Vous l'avez certainement
compris : Anne accepte une obligation
après l'autre en pensant ne pas
avoir le choix. Peut-être avez-vous
remarqué que tout ceci ne s'accompagne
pas de beaucoup de paroles,
les tâches sont simplement accomplies
sans négociation, sans discussion.
Si l'on veut sortir du surmenage,
on ne peut pas éviter certains
accrochages.

> *Le surmenage est lié
> à un fonctionnement
> automatique. D'où la phrase
> préférée de toutes les personnes
> débordées : « Plutôt que
> de discuter pendant des heures,
> j'ai aussi vite fait de le faire
> moi-même. » On ne parle pas,
> on s'exécute, encore et encore.
> Ce qui a pour conséquence
> que les collègues, les supérieurs
> hiérarchiques, les membres
> de la famille n'ont pas conscience
> de ce surmenage permanent.
> Comment le pourraient-ils ?
> Le travail est fait, et tout semble
> rouler sans problème.*

Recommencer à parler, négocier au lieu
de tout prendre automatiquement en
charge. Une telle démarche devient plus
facile lorsque nous faisons le point sur
ce qui compte vraiment dans notre vie.

*Faut-il donner au travail
la priorité ou d'autres choses
sont-elles plus importantes ?*

PRENEZ VOS PROPRES BESOINS AU SÉRIEUX

Peut-être avez-vous constaté qu'il existe un domaine dans lequel Anne n'est pas du tout efficace. Elle omet complètement une chose : sur sa *to-do list*, elle n'inscrit jamais « moi ». Les besoins des autres sont prioritaires, les siens viennent en dernier. Elle dit oui à presque toutes les missions, mais elle se dit non à elle-même. Les personnes surmenées ne manquent ni d'une meilleure organisation du temps, ni d'une technique de travail plus efficace. Elles manquent d'une chose très simple : l'égoïsme.

Être égoïste veut dire bien s'occuper de soi.

L'égoïsme n'est pas condamnable, il est nécessaire. Si une personne surmenée reconnaît prendre davantage soin de sa voiture que d'elle-même, elle avance déjà d'un pas dans la bonne direction. Être tout le temps débordé signifie avoir placé le travail au centre de sa vie. Mais la source de tous les résultats s'avère souvent négligée. Nous sommes nous-mêmes à l'origine de toutes les activités et, si nous tombons malades, rien ne va plus. Notre corps et notre esprit sont comme un terrain fertile où naissent nos capacités. Tout agriculteur sait qu'une belle récolte nécessite une bonne terre. Peu de choses poussent sur le sable desséché et, si nous ne nous fertilisons pas et ne nous arrosons pas régulièrement nous-mêmes, nous aurons rapidement une récolte misérable. Nos propres besoins sont à inscrire sur la toute première ligne de notre *to-do list*. De la ligne deux à la ligne cinquante, nous avons suffisamment de place pour le reste. Si vous faites partie des personnes surmenées, il vous est probablement difficile de déléguer des missions ou des tâches, en disant par exemple simplement non ou en payant quelqu'un pour faire le job – femme de ménage, chauffeur, etc. Vous-même recevez trop peu d'« engrais », trop peu de « nutriments », ce qui est supportable sur une courte période. Mais, à la longue, cette négligence à votre encontre se fera ressentir. Vous perdrez en productivité et risquerez davantage de tomber malade. *Alors, changez l'ordre dans lequel vous faites les choses. Que votre devise devienne : « MOI D'ABORD. » Demandez-vous tous les jours : « Qu'est-ce que je peux faire pour moi ? » Ajoutez ensuite la réponse à cette question sur votre* to-do list, *à la toute première place.*

VOUS D'ABORD !

1
Déléguez
Vous avez une bonne vision globale
et vous voyez ce qu'il faut faire ?
Alors vous êtes un leader parfait et vous
devriez vous comporter comme tel.
Menez la barque et déléguez les tâches :
« Les travaux suivants sont à faire :
primo… secundo… Qui s'en occupe ? »
Ou vous vous adressez directement
à certaines personnes : « Je suis
complètement débordé, pourrais-tu
s'il te plaît te charger de ceci… »

2
Restez assis et tenez le coup
Personne ne veut s'en occuper ?
Celui qui endosse toujours
les responsabilités se retrouve rapidement
entouré de gens qui ne prennent
plus aucune responsabilité. Entraînez-vous
à renforcer votre carapace pour apprendre
à résister et à accepter que
certains travaux ne soient pas faits
dans l'immédiat, que certaines choses
tombent à l'eau. Et ne vous précipitez
pas pour sauver la mise.
C'est un peu radical,
mais très efficace.

3
Pour chaque nouvelle obligation, abandonnez-en une autre
Au moins une. Lorsqu'il s'agit de lourdes tâches,
vous pouvez abandonner sans problème deux ou trois obligations.
Si par exemple vous devenez mère ou père, si vous construisez
une maison, créez une entreprise ou développez un méga projet,
alors il est temps de faire un grand tri et de refuser
tout ce qui n'est pas 100 % important.

4

« J'ai plus vite fait de le faire moi-même que d'en discuter pendant des heures »

Cette phrase est à rayer complètement de votre vocabulaire. Dites aux autres ce qu'il faut faire. Insistez au besoin deux ou trois fois pour ceux qui ne comprennent pas, sans discuter pendant longtemps, sans ajouter de nouveaux arguments. Définissez des limites claires et restez borné : « Non, ce n'est pas à moi de le faire. »

5

Laissez les tâches ingrates aux autres

Achetez les services nécessaires. Engagez une femme de ménage, un jardinier, commandez un repas, un pressing avec livraison, etc. Oui, je sais, cela coûte de l'argent. Mais puisque vous en êtes aux comptes, n'oubliez pas que, dans votre vie, la chose la plus précieuse, c'est vous.

6

Ne vous plaignez pas d'être si débordé

Celui qui se plaint est à deux doigts de dire oui au bout du compte. Restez ferme sur le non, sans justifications biscornues et sans quémander de la compréhension. Les autres défendent leurs propres intérêts et c'est leur droit. Mais qui va s'occuper des vôtres ? Ce ne peut être que vous. Alors : Qu'est-ce qui vous ferait plaisir ?

COMMENT DIRE NON FACILEMENT

Trucs et astuces

Nos propres besoins ont leur place sur notre to-do list. La première place ! Au début, beaucoup de personnes surmenées rencontrent des difficultés à refuser des tâches, à barrer la route aux voleurs d'énergie ou à déléguer. Elles ne sont pas habituées à dire non, elles tournent autour du pot, disent non de manière floue et ne se font pas comprendre. Elles ont l'impression que le non fait partie d'une langue étrangère avec un nouveau vocabulaire, mais dire non s'apprend et je me ferai une joie de vous aider. Laissez les suggestions suivantes vous inspirer.

EN D'AUTRES MOTS : NON !

»——→ « Alors, si personne ne veut s'en occuper, ça restera là. Dommage, mais on ne peut rien y faire. »
»——→ « Désolé, je ne m'en charge pas ! »
»——→ « Je suis complètement booké, je n'ai plus une seule place dans mon agenda ! »
»——→ « Je ne suis pas disponible. »
»——→ « Merci de me demander, je suis désolé de devoir décliner. Ce n'est pas possible. »
»——→ « Oui, je sais le faire plus rapidement et mieux que toi, mais si tu le fais plus souvent, tu l'apprendras aussi. Tu peux déjà commencer à t'entraîner. »

ARRÊTER LES VOLEURS D'ÉNERGIE

Évitez les ragots
★ N'écoutez pas, sifflez « Frère Jacques »… Même votre sifflement le plus dilettante vaut mieux que tous les potins réunis.

Les frimeurs et les fanfarons
★ Lorsqu'on parle beaucoup dans les réunions, il est judicieux de réduire

le temps de parole à deux ou trois minutes par intervenant et de noter immédiatement les résultats de manière visible. Cela oblige tout le monde à rester focalisé sur l'essentiel. Sinon : ne vous énervez pas, ignorez tout simplement les gêneurs. Être privé d'attention constitue de toute façon la meilleure punition pour les fanfarons.

Les stressés et les agités

⭐ Ne vous laissez pas entraîner dans le stress et construisez-vous une carapace. Une bonne phrase pour garder le calme : « C'est très urgent ? Alors vous avez un problème intéressant. Je suis sûr que vous allez pouvoir le résoudre. » Puis, imperturbable, continuez à travailler.

Les problèmes sans fin et SOS amitié

⭐ Fixez-vous des temps d'écoute. « Non, ce n'est pas le bon moment. Rappelle-moi demain. » Et n'hésitez pas à raconter certains de vos propres problèmes, au lieu d'être toujours fort uniquement pour les autres.

Peut-être qu'en fixant ces limites, vous ne récolterez pas toujours sourires et compréhension. Certains peuvent se montrer déçus au début, car, après

tout, pendant des années, vous vous êtes occupé de tout sans rechigner et vous avez fait tout le boulot qui se présentait. Au fil du temps, tout le monde s'y est habitué. Et à présent, vous vous opposez de temps en temps. Dorénavant, on doit parfois négocier avec vous. Les plans des autres sont perturbés et certains ne vont pas apprécier, alors soyez prêt à les entendre ronchonner.
Mais, tout compte fait, ce n'est qu'une question d'habitude. Restez optimiste et partez du principe que les gens autour de vous peuvent s'habituer à la nouveauté.
Pour vous-même, il est plus simple de considérer ce changement comme une sorte d'entraînement. Vous vous entraînez à rester assis et à résister.

Chapitre 2

Faire moins, accomplir plus : travailler intelligemment plutôt que travailler dur

Dans ce chapitre, vous apprendrez :

★ comment éliminer les efforts
et travailler plus facilement ;

★ pourquoi le point crucial peut vous faire
économiser beaucoup de temps et d'effort ;

★ comment alléger les tâches désagréables ;

★ comment abattre des montagnes
de travail en restant imperturbable ;

★ où puiser votre bonne humeur.

NE VOUS DONNEZ PAS TANT DE PEINE

Le but de toutes les inventions intelligentes est de réduire les efforts. Que ce soit la machine à vapeur, l'ordinateur ou la cuisinière électrique, ces inventions ont toujours eu pour objectif de nous permettre d'obtenir de meilleurs résultats en dépensant moins d'énergie. Chapitre après chapitre, l'histoire du progrès humain se résume à une volonté de diminuer les efforts. Il est d'autant plus étonnant qu'aujourd'hui encore, dans le monde du travail, on encense toujours les efforts.

L'EFFORT NE MÈNE PAS AU SUCCÈS

Beaucoup de gens sont encore convaincus que l'effort mène au succès. Se démener est toujours considéré comme un signe d'ambition et de compétence. Amusez-vous un peu et consultez les fameux manuels relatifs à telle ou telle carrière. Vous constaterez que, là encore, on vous recommande de travailler dur pour avancer. On dirait qu'on ne peut gagner beaucoup d'argent qu'en travaillant durement et longtemps. Mais est-ce vrai ? Est-ce que toutes les personnes qui se démènent vingt-quatre heures sur vingt-quatre sept jours sur sept gagnent beaucoup d'argent ? Non, beaucoup de gens restent pauvres malgré leurs efforts. Et est-ce que tous les millionnaires travaillent jusqu'à l'épuisement ? Non, ce fait non plus n'est pas avéré.

Avec ce livre, je n'ai pas l'intention de vous empêcher de faire des efforts. Faites-en autant qu'il vous semble bon et nécessaire. Faites le tour des Alpes à vélo, du traîneau en Alaska ou organisez seul une fête d'anniversaire avec vingt écoliers survoltés. Relevez chaque défi qui vous fera vous sentir vivant, mais arrêtez de croire que vous devez vous fatiguer pour avancer et gagner de l'argent.

Pourquoi cherchez-vous précisément à vous donner de la peine ?
Offrez-vous de la légèreté et de la sérénité
— mais ne vous encombrez pas.

À y regarder de très près,
nous découvrons que les efforts
ne sont rien d'autre que des efforts.
Ils n'aboutissent pas forcément
au succès ni à un bon salaire.

Le succès ne nécessite pas d'efforts, mais de l'intelligence.

Par intelligence, j'entends
ce pragmatisme astucieux qui sommeille
en chacun de nous et qui a déjà fait
économiser beaucoup d'efforts
à l'humanité.

Laissez tomber le zèle
et misez plutôt sur l'esprit.

Oui, tout dépend de nous-mêmes.
Le plus grand capital que nous
possédons est celui de pouvoir alléger
nos corvées. Cela commence par
notre disposition intérieure.
Nous nous demandons avec curiosité :
comment faire pour que notre vie
devienne plus facile et plus simple ?

Vous trouverez dans ce chapitre
quelques découvertes intéressantes
pour vous aider à travailler avec moins
d'efforts. Ce sont des principes simples,
mais très efficaces.

Mais commençons par regarder
ces efforts d'un peu plus près.
Quelle en est la cause ?

L'ÉTOFFE DES EFFORTS

Chaque effort inutile vient d'un frottement : ce qui pourrait fonctionner comme une machine bien huilée est freiné. Un tel frottement se crée lorsque nous disons simultanément oui et non à une tâche. Nous pensons : « Oui, je dois le faire », et en même temps, notre attitude intérieure indique : « Non, je n'aime pas faire cela. En fait, je n'en ai pas envie. »

C'est comme si, le moteur de sa voiture allumé, un conducteur tirait le frein à main (notre non intérieur) tout en appuyant sur l'accélérateur (« Oui, je dois le faire »). Bien sûr, la voiture démarre péniblement. Et que fait alors le pauvre conducteur ? Il appuie encore plus fort sur l'accélérateur – alors que le frein à main est toujours mis. Au travail, le non intérieur est soumis à une contre-pression : on se force à faire ce que l'on n'aime pas faire. Mais accélérer avec le frein à main réduit la vitesse et augmente la consommation d'énergie. C'est un peu la même chose au travail : si l'on se sent obligé de faire une chose qu'on n'a pas envie de faire, on avance péniblement, on perd son énergie et, à terme, on risque sa santé.

Cette problématique ne s'applique pas seulement au monde du travail, mais à chaque activité. Beaucoup de gens font des choses qu'ils ne veulent pas vraiment faire, également dans leur vie privée. Ils se rendent à des fêtes ou à des événements où ils ne se sentent pas vraiment bien, acceptent des obligations qui les embêtent ou s'occupent de choses qui ne leur font plus plaisir depuis longtemps.

Tout ce que nous faisons en nous disant non intérieurement devient difficile.

Si de surcroît nous nous mettons la pression, parce que nous voulons être parfaits ou rapides, les efforts augmentent. Cela devient de plus en plus pénible, car nous sommes en présence de deux forces qui s'opposent au lieu de fonctionner main dans la main. L'une des forces est le devoir, qui nous pousse à faire, et l'autre est le non intérieur, qui nous freine.

LE NON INTÉRIEUR

Que pouvez-vous faire pour mettre un terme à cette pénibilité ?
Découvrez d'abord dans quels domaines de votre vie vous roulez avec le frein
à main. Où agissez-vous en vous disant non intérieurement ?

DANS VOTRE VIE PROFESSIONNELLE

*Quelles activités ou quelles tâches
provoquent chez vous une défense
intérieure ?*

_____

_____

_____

*Où faites-vous quelque chose
que vous ne voulez vraiment pas ?*

_____

_____

_____

DANS VOTRE VIE PRIVÉE

*Où vous forcez-vous à faire quelque
chose que vous ne voulez pas faire ?*

_____

_____

_____

*Dans votre cadre familial ou au sein
de votre couple, que faites-vous,
bien qu'intérieurement vous vous
disiez non ?*

_____

_____

_____

FAITES CE QUE VOUS AIMEZ

Votre non constitue la clé pour vous sortir de la pénibilité.

Dites oui à votre non,
car c'est votre non qui abrite
ce que vous aimez faire.

Derrière votre non se cachent vos réels intérêts, vos aptitudes et vos talents. En un mot, ce qui vous motive. Si vous faites ce que vous aimez, vous le faites sans effort, sans résistance intérieure.

»⟶ Je me suis habituée à prendre conscience de chaque effort au cours de mon travail. Pendant longtemps, j'ai tenu un journal de pénibilité pendant mes séminaires. J'ai noté tout ce qui me coûtait des efforts. À chaque fois que je remarquais que j'étais en train de m'épuiser à la tâche, je l'ai mis sur papier en un ou deux mots-clés. Je notais aussi ce que je faisais facilement, sans effort. Après trois séminaires, j'avais identifié mes vrais trésors en tant que formatrice de communication et ce qui posait problème. J'ai commencé à remplacer tout ce qui était pénible par ce que

je maîtrisais bien et avec facilité. C'est ainsi que mes séminaires sont devenus moins fatigants pour moi et pour les participants. Ces derniers y ont pris plus de plaisir et ont appris de manière plus détendue. Les retours sont devenus de plus en plus positifs et les entreprises m'ont demandé de plus en plus souvent d'animer des séminaires. Mon chiffre d'affaire a augmenté et j'ai gagné davantage d'argent.

CONCENTREZ-VOUS SUR VOS POINTS FORTS

Les efforts naissent d'un oui et d'un non simultanés. Et la facilité naît de l'amour. Un bien grand mot, mais c'est le seul qui me vienne à l'esprit.

Lorsque les gens aiment ce qu'ils font, ils sont dans leur oui intérieur. Ils sont motivés d'eux-mêmes. La motivation est absente uniquement quand ils travaillent sans leur oui intérieur. Si vous faites ce que vous aimez, vous travaillez avec vos aptitudes et vos talents, vous n'êtes pas obligé de vous forcer et de vous secouer. Le plus grand gaspillage d'énergie et d'intelligence constitue à faire quotidiennement quelque chose qui ne nous intéresse pas particulièrement et à garder nos passions uniquement pour notre temps libre, voire pour jamais.

»——→ Je suis convaincue que chaque personne porte en elle une chose utile au monde, qu'il n'existe pas de gens dénués de talent. Je me rappelle d'une secrétaire qui a fini par monter sa propre entreprise en tant qu'indépendante. Lorsque je l'ai connue, elle pensait qu'elle n'avait aucun talent et qu'elle n'était capable que de taper à la machine et de faire de la petite paperasse. Certains aspects de son boulot ne lui plaisaient pas, notamment la saisie, mais elle aimait bien le côté organisation, classement et documentation – ce qui, à ses yeux, n'était pas un talent. Il n'existe pas de gens dénués de talent, seulement des gens qui ignorent leurs talents et qui ne s'estiment pas assez.

Souvent nous reconnaissons nos talents uniquement à travers les yeux de quelqu'un d'autre. C'est exactement ce qui s'est passé avec cette participante : pendant le séminaire, elle a réalisé que ses aptitudes en matière d'organisation de bureau avaient

de la valeur pour d'autres. Elle a mis ensuite deux ans avant de se mettre à son compte avec son talent d'organisatrice. Depuis, elle vend ses compétences par heure ou par jour à des start-up ou à des indépendants, elle organise le classement, s'occupe de la documentation et de l'administration. Elle gagne beaucoup plus d'argent qu'avant. Et, comme elle le dit elle-même, elle est « mille fois plus heureuse ». Elle doit son succès à un principe très simple : *nous concentrer sur nos points forts et nous débarrasser de tout ce qui ne nous correspond pas.*

Si vous voulez vivre et travailler sans vous esquinter, faites ce qui vous passionne. Faites naître vos points forts et vos talents. C'est votre oui qui vous indique la route.

39

CE QUE JE SAIS FAIRE ET CE QUE J'AIME FAIRE

Faites en sorte de pouvoir gagner de l'argent avec ce que vous aimez faire.
C'est uniquement en prenant au sérieux vos forces et vos talents que les autres
les considéreront également. Si vous croyez à votre propre valeur, d'autres seront prêts
à vous en donner un très bon prix.

Vos passions

Découvrez ce qui vous fait vibrer,
ce que vous faites avec enthousiasme.

Quelles activités vous font plaisir ?

_____

_____

*Pour quoi avez-vous envie de vous
engager ou de vous accrocher à fond ?*

_____

_____

*Qu'aimeriez-vous faire
professionnellement, si le revenu n'avait
aucune importance ?*

_____

Vos facilités

Découvrez ce que vous faites facilement
sans avoir besoin de faire d'efforts.

Qu'accomplissez-vous avec aisance ?

_____

_____

*Lorsque vous étiez enfant, qu'aimiez-
vous déjà faire ?*

_____

_____

*Quand ressentez-vous une impression
de fluidité qui vous fait oublier
le temps ?*

_____

Vos aptitudes et vos talents

Quels sont vos points forts ?
Que mettez-vous en œuvre ou
que pourriez-vous mettre en œuvre ?

*Que répondraient vos amis si
on leur demandait de citer vos talents ?*

_____

_____

*Vos aptitudes sociales : avez-vous de
bons contacts avec les gens, de l'écoute,
de l'empathie ?*

_____

_____

*Votre logique : quand l'utilisez-vous ?
Qu'en est-il de votre capacité
de précision et concentration ?*

_____

_____

*Que pouvez-vous dire au sujet de
votre éloquence, votre manière de vous
exprimer, d'expliquer quelque chose ?*

_____

*Votre sens de l'esthétique,
de la beauté, vos talents artistiques :
où les exprimez-vous ?*

_____

_____

*Votre humour, votre optimisme,
votre sens de l'orientation :
quelles sont les qualités que
vous n'avez pas encore eu l'occasion
d'utiliser dans le contexte professionnel ?*

_____

_____

*Qu'est-ce qui vous paraît si évident
que vous ne l'avez peut-être jamais
considéré comme un talent ?*

_____

_____

*Quelles aptitudes, parmi celles
que vous possédez, n'ont pas encore
été mentionnées ?*

_____

Si avoir
du SUCCÈS
veut dire être heureux,
alors es-tu
SUR LA BONNE VOIE ?

Timber Hawkeye

ALLÉGER LES CHOSES DÉSAGRÉABLES

Même si vous aimez ce que vous faites, il se peut que vous ayez quand-même des choses déplaisantes à faire. Des choses que vous n'aimez pas particulièrement faire. Le but est d'en avoir le moins possible au quotidien, mais si un tel cas de figure se présente malgré tout, ne rendez pas les choses inutilement difficiles.

Rappelez-vous que l'effort inutile vient de l'antinomie entre votre oui et votre non intérieurs. Lorsque vous décidez de faire quelque chose, éloignez le non. Vous pouvez plus facilement faire face aux tâches désagréables si vous ne vous y opposez pas. En pratique, cela signifie que vous vous concentrez sur ce que vous faites, sans penser que vous n'aimez pas ce travail. Vous ne faites pas attention au non et terminez la mission. Si par exemple vous n'aimez pas laver les vitres, mais que vous devez le faire malgré tout, alors faites-le, tout simplement. Arrêtez tout commentaire intérieur, car si vous vous opposez intérieurement, du genre : « Oh, comme je déteste ça ! Je n'arrive pas à nettoyer cette saloperie. Quelle tannée ! », la tâche devient plus

fatigante pour vous. Et vous mettrez probablement plus de temps à l'accomplir.

L'art de se débarrasser plus facilement des choses désagréables consiste à abandonner toute résistance intérieure.

Ce conseil est également valable pour des situations que vous n'aimez pas. En un premier temps, réfléchissez bien au moyen d'échapper à cette situation désagréable. Si vous ne trouvez pas de solution, ou que vous avez décidé de vous y coller quand-même, mettez un terme à toute pensée négative. Vous pourrez supporter plus facilement et de manière détendue votre rendez-vous chez le dentiste ou une fête stupide. De manière générale, vous pourrez vivre et travailler plus légèrement si vous reconnaissez clairement votre oui et votre non et que vous les mettez à la bonne place.

*Si vous voulez faire quelque chose que vous n'aimez pas,
cessez d'écouter votre non intérieur. Arrêtez de vous opposer
et finissez-en rapidement.*

> *Soyez attentif à la manière
> dont vous vous parlez
> mentalement à vous-même.
> Lorsque vous vous dites que
> vous devez faire quelque chose,
> vous vous mettez la pression
> (Il faut que je range enfin la cave.
> Il faut que j'arrête de fumer.).
> Chaque pression produit
> une contre-pression
> que vous vivrez sous forme
> d'évitement, de « ça ne va pas »,
> d'absence d'envie. Les décisions
> valent mieux que les devoirs.
> Vous décidez de faire ou ne pas
> faire une chose (Je vais ranger
> la cave et je m'y mets maintenant.
> J'arrête de fumer : à partir
> de maintenant, plus aucune
> cigarette.). Demandez-vous
> si vous ne préférez pas décider,
> plutôt que de vous mettre
> la pression.*

LÂCHER LES PENSÉES NÉGATIVES !

Cette révélation simple peut s'avérer très utile : le non intérieur se compose de pensées. Nous pensons d'abord, puis nous ressentons ce que nous pensons. Au début, le non intérieur est une pensée qui dit : *Oh, c'est trop nul, je n'en ai pas envie !* Cette idée manque singulièrement d'enthousiasme. Le meilleur moyen pour se dégager de ce ressenti, c'est de lâcher les pensées négatives et de mettre fin à la résistance intérieure.

En fait, c'est très facile : lorsque vous appuyez sur l'accélérateur, vous relâchez le frein à main et, lorsque vous voulez freiner, vous arrêtez d'accélérer.

COMMENT VIVRE ET TRAVAILLER SANS S'ESQUINTER

1

L'effort n'est pas une vertu

La vie n'est pas une vallée de larmes
et le travail peut aussi être un plaisir.
Dites adieu aux vieux idéaux
selon lesquels il faut gagner son argent
par la sueur de son front.
Vous pouvez très bien vivre et avoir
du succès sans vous esquinter.
Et si vous voulez transpirer,
faites du sport.

2

*Gagnez de l'argent
grâce à vos talents*

La vie est fatigante si vous devez
sans arrêt faire des choses
qui ne vous correspondent pas.
Travaillez avec vos capacités et gagnez
de l'argent avec ce que vous aimez faire.
Observez-vous au quotidien
pendant les semaines à venir
et guettez ce qui vous passionne.
C'est là que somnole
votre trésor personnel.
Réveillez-le.

3

Faites davantage de choses qui vous font plaisir

Concevez votre travail de manière à l'aimer
ou du moins à l'apprécier en grande partie.
Vous avez le droit d'écouter votre plaisir. Ainsi vous aidez
également l'entreprise pour laquelle vous travaillez.
Celui qui travaille avec enthousiasme est plus productif
que celui qui fait son service selon les règles en ronchonnant.

4

Négociez, distribuez, déléguez

Négociez une redistribution des tâches
avec vos supérieurs et vos collègues.
Échangez les tâches que vous n'aimez pas
contre vos préférées. N'acceptez pas
les choses en silence seulement parce
qu'« elles ont toujours été comme ça ».

5

Suivez votre fil rouge

Donnez-vous un but.
Peut-être quelque chose que
vous voudriez être ou quelque chose
que vous voudriez atteindre.
Si votre cœur s'en réjouit,
vous avez trouvé votre fil rouge.
Ne perdez pas de vue ce que
vous visez à long terme.

6

Dites stop à votre non

Lorsque vous faites une chose
qu'au fond vous ne voulez pas faire,
peu importe les raisons, veillez à éteindre
votre non intérieur. Stoppez toutes
ces pensées par lesquelles vous cherchez
à vous convaincre que ce travail
ou cette situation est horrible.
Concentrez-vous uniquement sur
ce qui est à faire. Vous éviterez ainsi
les frictions et un stress inutile.

LE POINT CRUCIAL

Pour avoir du succès, il n'est nul besoin de travailler beaucoup. Il s'agit plutôt de faire ce qu'il faut, ce qui fonctionne vraiment et qui apporte les résultats escomptés. C'est ce que j'appelle le point crucial, l'élément clé qui fera avancer les choses et qui déclenchera tout le reste. Si vous travaillez en partant de ce point crucial, vous êtes comme un chirurgien qui sait exactement ce qu'il va opérer. Il ne fait que peu d'incisions, mais celles-ci sont ciblées et vont droit au but.

Le zèle est tout à fait superflu.

Personne ne voudrait se faire opérer par un médecin « zélé » qui triture le corps de son patient pendant des heures. Toucher à l'essentiel en faisant peu d'efforts, tel est le coup de maître. Et pour y arriver, il est important de définir le point crucial. Qu'est exactement ce point et comment le détermine-t-on ?

POP, C'EST OUVERT

Vous connaissez probablement le point crucial d'une bouteille. Certains jus de fruits et de légumes sont vendus dans des bouteilles qui ont un couvercle large fermé sous vide. Ces bouteilles sont parfois difficiles à ouvrir. Si, en plus, on a les mains poisseuses, on peut toujours forcer, on ne fera pas bouger le couvercle d'un millimètre. Quand le couvercle ne s'ouvre pas facilement en tournant, on peut bien sûr opter pour la stratégie du zèle. Encore davantage d'efforts. Et vous tournez de plus en plus le couvercle, votre visage se tord, vous serrez les dents et criez : « Wouah ! » Peut-être que le couvercle cédera, peut-être pas. Évidemment, vous savez qu'avec le bon geste ce sera nettement plus facile, alors vous retournez la bouteille et vous donnez une grosse tape sur le fond. Le couvercle cède à présent sans problème.

Arrêtez de faire quoi que ce soit.
Concentrez-vous sur le point crucial,
sur cet élément clé qui mettra les choses en branle.

Si vous connaissez ce point, vous ne perdez pas votre temps à faire des efforts, vous tapez directement sur le fond de la bouteille pour l'ouvrir. Ce qui est valable pour l'ouverture des bouteilles de jus s'applique également à la plupart des activités. *Le bon geste existe et, si vous le connaissez, vous pouvez vous faciliter la vie.*

SORTIR DE LA ROUTINE

S'ils ne connaissent pas le point crucial, beaucoup de bosseurs auront tendance à en faire beaucoup, selon la devise : « Si je fais tout ce que l'on me demande ici, je suis en sécurité. » Et puis ils font réellement tout, au lieu de se concentrer sur l'élément clé, et ils sont tellement occupés qu'il leur manque le temps de réflexion pour définir ce qui pourrait être le bon geste. On les entend souvent dire : « J'aimerais bien réfléchir davantage à un moyen de rationaliser

mon travail, mais je n'ai pas le temps. J'ai beaucoup trop de choses à faire. » Les bosseurs sont souvent enfermés dans une roue, comme un hamster. Leur agitation permanente fait qu'ils n'ont le temps de rien.

Pour trouver le point crucial, notre attitude vis-à-vis du travail doit se trouver à l'opposé de l'agitation : un esprit calme et détendu et assez de recul par rapport à la tâche à accomplir. Nous avons besoin de temps pour réfléchir. C'est la raison pour laquelle le premier chapitre de ce livre est si intéressant. Gérez les mille choses dans votre vie, faites en sorte de ne pas être surchargé et étouffé par les broutilles du quotidien. Donnez-vous autant d'espace de liberté que possible. C'est seulement lorsque vous aurez quitté la routine du « J'en fais trop » que vous pourrez accomplir beaucoup de choses en faisant peu d'efforts.

UN REGARD POSÉ SUR L'ESSENTIEL

Pour la tâche qui vous attend, cherchez en premier lieu le point déterminant.
Dirigez votre pensée dans la bonne direction grâce à des questions précises.

L'ESSENCE

Parfois une seule phrase suffit pour
que vous trouviez le bon point
de départ, alors qu'à d'autres moments
vous avez besoin de vous poser
toutes les questions pour déterminer
le point crucial.

*À quoi doit ressembler le résultat,
qu'est-ce qui serait un succès,
dans ce cas précis ?*

_____

_____

_____

*Qu'est-ce qui importe réellement,
au fond, dans ce travail ?*

_____

_____

_____

LE PAS DÉCISIF

Arrêtez d'en faire beaucoup.
Concentrez-vous sur le peu qui fait
avancer les choses.

*Par quelle mesure ou action
avanceriez-vous considérablement ?*

_____

_____

_____

*Que pouvez-vous faire pour accomplir
cette tâche avec succès et peu d'efforts ?*

_____

_____

_____

LE DÉCLIC EST GÉNIALEMENT SIMPLE

Les points cruciaux que nous avons découverts sont au fond très simples, comme toutes les choses géniales. Une fois qu'on a trouvé le déclic, on est souvent surpris par la simplicité de la chose. Simple comme une tape sur le fond d'une bouteille de jus. Rien d'extraordinaire, n'est-ce pas ? Mais uniquement quand on le sait. Pour celui qui vient de le découvrir, c'est une expérience étonnante. Laissez-moi me baser sur un exemple pour vous expliquer cette recherche du point crucial. Je m'inspire d'un cas que beaucoup de gens ont déjà vécu : l'organisation d'une fête de famille.

»⟶ Harry, qui a participé à l'un de mes séminaires, voulait organiser une fête de famille. Ses parents fêtaient leurs noces d'argent. Tous ceux qui ont déjà fait ce genre de choses savent à quel point l'organisation peut prendre du temps et demander de l'énergie. Harry se lança dans les préparatifs avec beaucoup d'enthousiasme. Il réfléchissait à tout ce qu'il y avait à planifier et à considérer. Après quelques minutes, il dit « Pff ! » et prit sa tête entre ses mains – un signe infaillible indiquant qu'on est en présence d'un processus « ultra laborieux ».

L'effort fait « Pff » et les points cruciaux font « ah tiens ! ».

L'histoire d'Harry nous a permis de reconsidérer l'affaire en partant du point crucial. Il ne s'agissait pas de « tout faire », mais de trouver avant tout ce qui, d'après Harry, rendrait cette fête vraiment réussie. Le reste découlerait de ce point crucial, mais quel était-il pour ces noces d'argent ? Il devient alors important d'être concret. Pas de bla-bla comme « une belle fête » ou « une bonne ambiance ». Cela peut se dire de chaque fête dans le monde, ce sont des expressions bien trop générales. Qu'est-ce qui serait un succès précisément dans le cadre de cette fête avec précisément cette famille ?

∽◦∽

Si vous cherchez le bon point de départ pour vous, prenez le temps de répondre et détendez-vous. Vos pensées ont le droit de faire le poirier et des sauts périlleux. Pas de pression. Ayez seulement un regard aiguisé et un cerveau curieux – vous n'avez pas besoin de plus.

FAIRE DE LA PLANIFICATION UN JEU D'ENFANTS

Lisez au paragraphe suivant la manière dont j'ai découvert le point crucial avec Harry. Vous constaterez qu'il a fallu un certain temps avant qu'il ne sorte de son attitude « Je fais tout ». Il a ensuite trouvé la bonne clé et, à partir de là, ce fut un jeu d'enfants. Voici l'extrait de notre conversation.

Un exemple : la fête de famille

Moi : « *Qu'est-ce qui est important, au fond, pour les noces d'argent de vos parents ?* »

Harry : « *Alors, tout d'abord les invitations. Les repas doivent être préparés. Non, on ira plutôt dans un restaurant, parce que personne parmi nous n'a assez de place. Quarante personnes environs seront présentes. Quelqu'un doit faire un discours. Comme je suis l'aîné, ce sera probablement moi...* »

Moi : « *Oui, il y a beaucoup de détails à régler. Mais laissons-les de côté pour l'instant. Quel serait pour vous, vos parents et le reste de la famille, l'essentiel en ce qui concerne cette fête ?* »

Harry : « *L'essentiel ? Je n'y ai pas encore réfléchi. Bien sûr, il faudrait que tout roule !* »

Moi : « *Quoi ? Selon vous, c'est vraiment l'élément clé de ces noces d'argent ?* »

Harry : « *L'élément clé ? Au fond, il s'agit de rendre hommage à mes parents en tant que couple. De célébrer leur longévité.* »

J'ai pris une feuille de papier et j'ai dessiné un cercle pour symboliser le point crucial. J'ai marqué en haut du cercle : Parents honorés et célébrés.

Moi : « *Le point crucial est que vos parents soient à l'honneur et qu'on célèbre leur mariage. Comment pourrait-on faire ?* »

Harry réfléchit un peu : « *En passant en revue leur mariage. Peut-être avec un journal de mariage et des photos du temps où ils se sont rencontrés. Et du temps où nous sommes nés. On pourrait faire une projection de diapositives pour que tout le monde puisse les voir. Mes parents ont aussi fait des vidéos de leurs dernières vacances.* »

Je notais ce que disait Harry par mots-clés à l'intérieur du cercle. On pouvait lire : Parents honorés et célébrés. Photos, diapos, journal de mariage, vidéos.

Moi : « *Bien. Si c'est le point crucial, de quoi a-t-on besoin pour que tout* se déroule dans les meilleures conditions ? » Maintenant nous pouvions dérouler toute l'organisation de la fête depuis son point crucial. Je dessinai un deuxième cercle autour du premier.

Harry : « Je devrais commencer par récupérer les photos et les vidéos de mes frères et sœurs, ainsi que du reste de la famille. Je pourrai le noter sur l'invitation. Que tous ceux qui en possèdent me les mettent à disposition. J'espionnerai discrètement chez mes parents. Et nous avons besoin d'un endroit que nous pouvons obscurcir. Mon frère peut s'occuper des détails techniques comme le projecteur de diapos, les vidéos, etc. »

Harry débordait d'idées, que je me suis dépêchée de mettre sur papier. J'ai séparé le deuxième cercle en grosses parts comme « local », « invitations », « technique » et j'ai noté ce que Harry disait. Il a ensuite parlé du dîner et est arrivé à la conclusion qu'un buffet froid serait le meilleur choix, car « on ne sait jamais combien de temps durent ces hommages. » Harry était à fond. Il a développé plein

Viser le point crucial :
depuis l'élément clé jusqu'aux détails
sur les bords

d'idées pour la décoration des pièces, le look des invitations et les anecdotes que l'oncle Herbert pourrait encore raconter. Tout ceci était à mettre dans un troisième cercle, que je traçai autour des deux autres. À l'intérieur du troisième cercle se trouvaient les détails et les petits plus, qui seraient chouettes.

La conversation avec Harry ne dura que quelques minutes, mais elle fut très productive. À la fin, Harry s'est retrouvé avec un papier à la main, qui définissait le point crucial et qui ressemblait à une cible truffée de mots.

Le point crucial est souvent un élément très simple.
Si simple, que nous passons généralement à côté.

Harry était surpris à quel point l'organisation, en partant du point crucial, s'avéra simple. Par ailleurs, la fête rencontra un franc succès. Harry me raconta au téléphone que tout s'était merveilleusement bien passé. Les amis et la famille avaient recherché des photos. Les diapos et les vidéos avaient ravivé les souvenirs, de fil en aiguille une histoire avait chassé l'autre et ses parents furent très touchés. Il avait tapé juste.

TROUVER LA SIMPLICITÉ DANS LA COMPLEXITÉ

Quand vous aurez découvert le bon point de départ, vous vous direz vite : « C'est comme cela que ça marche. » Mais tant que vous n'aurez pas identifié le point crucial, vous investirez probablement beaucoup de temps, d'efforts et d'argent pour accomplir votre tâche. Néanmoins, vous pouvez avoir de la chance et découvrir ce point par hasard, un peu comme un chasseur qui tire pendant des heures au pif dans la forêt et qui touche accidentellement un faisan. Si vous n'avez pas de bol, vous ne toucherez rien du tout

À ce stade, je voudrais faire une remarque importante. La fête a été un succès, parce qu'Harry a trouvé le point crucial pour ses parents et sa famille. Cependant, cet élément peut changer selon les familles : ce peut être la musique, la danse ou bien une escapade. Il n'existe pas de point crucial commun pour les fêtes, les réunions ou les autres évènements. Le point crucial est spécifique à chaque occasion et à chaque personne. Le même raisonnement est valable dans le domaine professionnel : il n'existe pas de points cruciaux universels, toujours valables, dans le marketing, le conseil en clientèle ou la direction du personnel. Vous pouvez néanmoins découvrir l'élément clé en ce qui concerne vos collaborateurs, vos clients ou vos produits.

et courrez le risque de vouloir compenser le manque de succès par davantage d'efforts. Et de tirer avec deux fusils et davantage de munitions.

Si, en revanche, vous poursuivez un but précis, vous pouvez accomplir beaucoup avec peu d'efforts. Prenez votre temps et soyez à l'affût pour trouver ce qui fonctionnera, en toute tranquillité. Lorsqu'il s'agit de tâches compliquées, la découverte du point crucial est véritablement un art, car nous nous laissons facilement piéger par des liens et des conditions complexes. Et au milieu de ces méandres de complexité, nous passons à côté des choses simples.

QUELQUES EXEMPLES

Je vous présente ici trois exemples ayant un point commun : les personnes concernées devaient affronter une tâche qui leur semblait trop compliquée. Elles ne pensaient pas qu'un truc pouvait l'alléger. Pourtant, vous allez le voir, une telle solution existait bel et bien.

La propriétaire d'une boutique de poupées et de jouets historiques
»——→ « Mon entreprise existait depuis près de deux ans, mais je manquais toujours de clients. J'ai donc essayé de me faire connaître par la publicité. J'ai investi beaucoup d'argent dans des annonces, pour peu de résultats.

La question qui m'a le plus aidée à trouver le point crucial a été la suivante : Qu'est-ce qui est important au fond ? Je voulais juste que mon affaire soit plus connue, les gens devaient venir, mais il fallait d'abord qu'ils sachent que j'existais. Le point crucial était de se faire connaître sans trop investir. Je me suis dit qu'on se faisait connaître grâce aux médias : la télévision, la radio et les journaux atteignent les gens. J'ai donc contacté une amie qui travaille parfois pour la radio. Elle a consacré, à l'antenne, une petite chronique aux jouets tombés dans l'oubli et a mentionné ma boutique. Peu après, la télévision régionale est passée pour faire un petit reportage sur des jouets historiques. Ces deux contributions ont attiré bien plus de clients. En comparaison aux annonces publicitaires, l'investissement fut minime et le succès énorme. »

*Un physicien d'un grand institut
de recherches internationales*

»——→ « Il m'arrive de devoir parler
devant des gens qui n'ont pas la moindre
idée de ce que nous recherchons ici.
Ce genre de discours devant des novices
me posait un gros problème :
je devais expliquer en soixante minutes
une question que j'avais étudiée pendant
des années. Mes conférences étaient
toujours très laborieuses. J'avais conçu
des transparents et des diapositives
afin d'expliquer les protocoles
expérimentaux. J'avais également
introduit dans l'exposé des formules
établissant clairement l'arrière-plan
théorique. Mais malgré tous mes efforts,
mes discours n'avaient pas beaucoup
de succès. Le public n'avait pas l'air
intéressé et n'applaudissait guère.
Pour m'améliorer, j'ai préparé encore
davantage de transparents, j'ai peaufiné
mon texte, j'ai rajouté encore plus
d'informations. Je passais souvent
deux journées à préparer un discours
d'une heure. La meilleure question pour
trouver le point crucial a été pour moi :
Que serait, dans cette situation,
un succès ? J'ai posé la question à deux
de mes auditeurs. Ces derniers m'ont
répondu que je n'avais qu'à m'exprimer
de manière plus compréhensible, afin
que même des personnes n'ayant pas fait
huit ans d'études de physique puissent
me comprendre. Ils avaient raison,

bien sûr. Mais comment expliquer
des processus physiques compliqués
avec des mots très simples ?
Pour moi, c'était une vraie énigme.
J'ai ensuite trouvé le bon angle d'attaque
pour la résoudre : je me suis imaginé
tenir ce discours devant un enfant
de douze ans. Globalement, si un enfant
comprend, tout le monde me comprend.
J'ai testé mes discours suivants avec
mon fils : s'il n'arrivait pas à saisir,
c'était que ma rhétorique était trop
compliquée. Ainsi, j'ai appris à éviter
le jargon technique et mes conférences
devinrent complètement différentes.
Je ne donne plus qu'un aperçu très
succinct, j'utilise des images très simples
et j'explique les fondements physiques
grâce à des exemples tirés du quotidien.
Je présente directement les faits
physiques élémentaires. J'accompagne
le tout d'anecdotes drôles. Mes exposés
sont depuis fortement applaudis
et j'y prends du plaisir. »

L'assistante d'un manager

»——→ « En tant qu'assistante,
dès le début, j'étais responsable de tout :
organiser les voyages, gérer les rendez-
vous, intercepter et faire patienter
les gens, taper et envoyer les procès-
verbaux des réunions. Un ramassis
de tâches. Pour pouvoir toutes
les accomplir, je trimais du matin
au soir. Mon patron m'appréciait, certes,

mais au bout de douze mois j'étais sur les nerfs. Le point crucial était que j'avais besoin de soutien . La charge de travail était incontestablement trop lourde pour une seule personne. Je devais l'expliquer à mon supérieur. Je suis partie de l'idée du point crucial : au lieu de lui exposer en détail combien je travaillais, je lui ai demandé ce qui était pour lui l'élément le plus important dans mon travail. Il m'a répondu sans hésiter que le management des réunions et des conférences était pour lui une nécessité absolue. Je lui ai ensuite dit que, à l'avenir, je pourrais m'occuper sans problème des choses essentielles, mais que pour toutes les autres tâches, notamment pour les saisies, nous avions besoin d'une nouvelle collaboratrice. Les avantages pour lui sautaient aux yeux. Je pourrais mieux me concentrer sur ce qui était important et le décharger davantage. Cet aspect l'a convaincu et, après une petite discussion, il a cédé. On a recruté une collaboratrice et je peux dorénavant travailler plus sereinement. »

Si vous voulez travailler intelligemment, faites en sorte de disposer d'un assez grand espace de liberté. Débarrassez-vous des jeux de pouvoir, des pressions hiérarchiques et autres freins. Vous ne faites que gaspiller votre temps et votre énergie. La règle suivante est valable :

Moins c'est plus. Moins d'agitation et moins d'adaptation, plus de concentration sur ce qui est vraiment essentiel.

TRAVAILLER SANS EFFORTS GRÂCE AU POINT CRUCIAL

Trucs et astuces

Je ne connais pas vos impératifs ni vos problèmes du moment, peut-être souhaitez-vous rénover votre salle de bains ou créer votre propre entreprise en indépendant, aménager un jardin ou gravir les échelons professionnels. Pour que vous puissiez découvrir le bon angle d'attaque, j'ai établi une liste exhaustive que vous pouvez utiliser pour toutes les tâches possibles. Certains points de cette liste correspondent sans doute à vos projets en cours, d'autres ne vous concernent pas pour le moment. Choisissez ce qui est le plus adapté à votre mission.

❧

Avoir du succès veut dire réaliser l'essentiel, précisément.

Déterminez le résultat que vous voulez obtenir

⭐ Lorsque vous prévoyez un voyage en train, vous avez au moins une idée de la direction que vous voulez prendre, à défaut d'en connaître la destination précise. Pour trouver le bon angle d'attaque, il est judicieux d'imaginer au moins vaguement le résultat final.

Visez dans le mille

⭐ Concentrez vos pensées sur ce qui est fondamentalement important. Visez au centre. Trouvez l'élément clé qui fera avancer les choses. Quel point essentiel mène vers le succès ?

Visualisez vos idées

⭐ Les bonnes idées disparaissent aussi vite que l'éclair. Dessinez ou notez les vôtres, par exemple en utilisant les cercles de points cruciaux ou à l'aide d'une carte mentale.

Cherchez les raccourcis

⭐ Quel est le chemin le plus simple pour atteindre votre but ? Cherchez le facteur qui facilitera tout. Existe-t-il une mesure qui vous épargnera des efforts ?

Trouvez des soutiens

⭐ Pour les grosses tâches, réfléchissez aux personnes qui pourraient vous aider et aux missions que vous pourriez déléguer.

Découvrez la valeur d'usage

⭐ Définissez les vrais besoins et les choses utiles pour vous et pour les personnes pour qui vous travaillez. Méfiez-vous de l'arrogance du « Je sais tout à l'avance ». Devenez sciemment naïf et curieux. Posez des questions et écoutez bien les réponses : De quoi ont besoin vos équipes ? De quoi avez-vous besoin ?

Soyez attentif aux retours

⭐ Testez régulièrement vos produits. Testez la manière dont vos performances et vos idées sont reçues et choisissez de bons critiques. Demandez un retour à ceux qui vous entourent (supérieurs, clients, participants, auditeurs, etc.) lorsque vous avez terminé un travail.

Approfondissez l'essentiel, supprimez l'inutile

⭐ Supprimez sans scrupules tout ce qui n'est pas nécessaire. Creusez ce qui est utilisable et utile. Vos meilleurs conseillers sont ceux qui réceptionnent le travail en bout de chaîne.

Profitez de chaque simplification

⭐ Guettez les techniques, machines ou services qui vous allégeront le travail d'une manière professionnelle et sans heurts. Si vous ne trouvez rien de convenable, inventez quelque chose !

Le coup de maître, c'est le peu qui touche à l'essentiel.

Le STRESS
n'est un ÉLIXIR DE VIE
pour personne.
Que le CALME devienne
votre élixir de vie
et vous serez
PLUS PERFORMANT
que jamais.

Paul Wilson

DÉTENDU @ WORK

*La plupart des gens stressent plus
qu'ils ne le voudraient. Ce mélange
de pression, d'efforts et de rythme
effréné qui nous pousse à boire trop
de café, à ne plus pouvoir dormir la nuit
et à tomber malades de plus en plus
souvent. Or il est tout à fait possible
de vivre et de travailler de manière plus
détendue. Le stress permanent
est évitable. À l'aide des conseils
et des méthodes présentés dans ce livre,
vous pourrez énormément calmer
et détendre votre quotidien.
Mais pouvons-nous complètement
éliminer le stress ? Ne plus jamais
être speed et sous pression ?
Ce n'est pas réaliste.*

GÉRER LES PICS DE STRESS

Même le quotidien le plus serein vous
réserve son lot de surprises. En toute fin
de journée, quand tout doit être
imprimé en vitesse, l'imprimante affiche
un message d'erreur. Les avions ont
du retard, pile au moment où l'on doit
prendre d'urgence un vol en
correspondance. Le petit dernier a
une éruption cutanée sur tout le corps,

le matin même du départ en vacances…
Nous savons gérer ce genre de stress,
ce sont des moments de tension, dans
lesquels nous développons une force
insoupçonnée. Mener la barque malgré
les obstacles est aussi une aventure.
Nous pouvons aisément venir à bout
d'attaques de stress passagères,
si nous gardons notre calme intérieur
7et que nous ne perdons pas la tête.
Pour vous permettre d'y arriver plus
facilement, j'ai listé quelques conseils
sur la double page suivante.

PLONGER OU REPORTER ?

Même si nous travaillons
intelligemment, les montagnes de travail
finissent toujours par apparaître. Il peut
s'agir d'un déménagement, d'une fusion
d'entreprise ou de travaux. Le premier
signe de reconnaissance d'une montagne
de travail est votre main plaquée sur
votre front, accompagnée d'un :
« Mon Dieu ! Tout ce que j'ai à faire !
Je préfère ne pas y penser… »
Les montagnes de travail s'accumulent
d'abord dans la tête. Puis les pense-
bêtes et les listes se multiplient.

On peut alors observer deux réactions différentes.

»——→ Certaines personnes stressent et plongent la tête la première dans le travail, selon la devise : Surtout ne pas perdre de temps, sinon je ne finirai jamais. Mais ce plongeon n'est pas sans danger : qui s'immerge de manière si abrupte peut rapidement perdre de vue l'essentiel et gaspiller son énergie en futilités.

»——→ La deuxième réaction est presque l'exact opposé. Face à cette grande quantité de travail, certains se découragent et perdent toute envie d'entreprendre. Et que fait-on lorsqu'on n'a pas envie ? Eh oui, on fait autre chose, on range d'abord son bureau ou on prend le petit déjeuner, puis on épluche le courrier avant de lire son journal. Des échappatoires ! Ça peut paraître cool, mais chaque report ne fait qu'augmenter la pression intérieure, jusqu'à ce qu'elle devienne si grande qu'on finit par faire le plongeon.

DIVISER LA MONTAGNE DE TRAVAIL

Existe-t-il une manière plus sereine de venir à bout des grandes montagnes de travail ? Bien évidemment ! La plus facile, c'est de prendre un peu de recul à l'aide d'un papier et d'un crayon. Au lieu de plein de petits bouts de papier pense-bêtes, vous prenez une grande feuille et vous notez tout ce qu'il y a à faire. *Notez tout en haut le point crucial ou le but.* À partir de là, vous pouvez lister tous les pas à suivre dans le bon ordre. Les broutilles ou les futilités viennent en périphérie. Si vous avez des contraintes de temps, notez un délai à côté de chaque étape. Vous décomposez ainsi la montagne en petits sentiers praticables. Commencez avec le prochain pas : c'est une bonne méthode contre la procrastination. Occupez-vous uniquement de ce qui est – de votre point de vue – à faire dans l'immédiat : vous atténuez ainsi le sentiment de vous trouver devant une montagne infranchissable. Par ailleurs, vous calmez ainsi votre esprit, vous n'avez plus la tête aussi remplie – tout est clairement écrit sur une feuille de papier.

En réalité, il s'agit de régler les grands chantiers par petites étapes, pas à pas, ce qui nécessite l'endurance d'un coureur de fond. Rien ne sert de sprinter en début de course, l'important est de répartir son énergie pour atteindre le but final.

RESTER COOL EN SITUATION DE STRESS

1

Respirez !

Lorsque la tension monte, notre respiration change immédiatement : nous respirons plus légèrement. Nous inspirons moins ? C'est pourtant dans ces moments que notre cerveau a besoin de beaucoup d'oxygène pour pouvoir réfléchir. Alors inspirez et expirez profondément et ainsi de suite.

2

Acceptez !

Ne vous opposez pas à ce que vous voulez faire. Souvenez-vous que, si vous faites une chose en y étant intérieurement opposé, cela devient pénible pour vous. Votre non intérieur est comme un grain de sable dans l'engrenage. Donc passez en mode oui. Même si vous rencontrez des difficultés, vous arriverez plus facilement à les surmonter si vous acceptez les faits. Résister intérieurement n'apporte que des tourments inutiles, alors : acceptez d'abord, changez ensuite.

3

Gardez une vue d'ensemble plutôt que de vous activer précipitamment

Si vous avez beaucoup de choses à faire, méfiez-vous de l'agitation aveugle. Avant de commencer, clarifiez votre but. Définissez ce qui est vraiment important pour pouvoir répartir votre énergie avec justesse. Qu'est-ce qui est réellement essentiel, qu'est-ce qui est secondaire ? Ce temps de planification peut vous faire économiser beaucoup d'énergie.

4
Un pas après l'autre

Décomposez un travail volumineux
en petites tâches surmontables,
ne vous attaquez pas à toute la montagne,
mais juste à ce qui est à faire
concrètement dans l'immédiat.
Dissociez *la prochaine petite étape*
du reste de la montagne de travail
et concentrez-vous juste sur le prochain
pas. La plus mauvaise solution serait
de travailler d'arrache-pied,
de tout donner jusqu'à l'épuisement.
Faites une pause *avant* d'être épuisé.

5
Changez ce qu'il y a à changer

Si vous êtes sous pression, il est grand
temps de devenir souple. Prenez
du recul, créez une distance
et réfléchissez calmement : Comment
pouvez-vous procéder pour y arriver ?
Qu'est-ce qui pourrait vous aider ?
Existe-t-il une autre manière de faire
ce que vous avez prévu ?

6
Minimisez l'importance

Voici le grand secret de la sérénité :
« Ce qui se passe ici ne peut pas m'ébranler,
parce que ce n'est pas si important que cela. »
Ce n'est pas un grand malheur et votre vie n'est
pas en danger. C'est seulement désagréable,
peut-être même très désagréable.
Comment minimiser les choses désagréables ?
Acceptez-les tout simplement,
ne résistez pas. Après tout, il n'y a pas
mort d'homme.

COMMENT AUGMENTER
VOTRE FORCE PERSONNELLE

Beaucoup de gens subissent actuellement un changement au niveau professionnel : leur métier se transforme ou leur emploi est menacé. On assiste à des réductions de personnel, des rationalisations d'emplois et des externalisations de secteurs. Ces chamboulements font peur à un grand nombre d'actifs. Cette peur conduit souvent à une pression accrue et à la conviction qu'il faut travailler plus pour sauver sa place. Je veux vous montrer ici un chemin permettant de faire face à cette angoisse et à cette pression. Il ne s'agit pas de ne plus jamais ressentir la peur, ce ne serait pas réaliste. Ce qui est plus important, c'est que vous vous débarrassiez de la dépendance et de la faiblesse et que vous développiez votre force personnelle. Avant de voir comment faire, considérons quelques faits avec lucidité.

LE STATU QUO

Dans une économie en constante mutation, vous ne trouvez plus d'emploi stable à long terme. Le parcours commençant par une formation, suivie d'un emploi en entreprise où l'on progresse jusqu'à la retraite, c'est fini. Les emplois ne durent plus une vie. Il devient de plus en plus difficile de comprendre le marché du travail. Là aussi les changements sont devenus l'unique valeur sûre. Grand nombre de métiers très prisés aujourd'hui n'existaient pas il y a quelques années. À l'inverse, on licencie en masse dans des secteurs qui, dans ma jeunesse, avaient la réputation de résister à toutes les crises.

Vous ne trouvez plus la sécurité au sein de l'entreprise, mais en votre for intérieur.

C'est sur votre force personnelle que vous pouvez compter. Et cette force n'est pas une chose que vous avez ou que vous n'avez pas : vous la *produisez*. Je vais vous montrer en quelques mots comment cela fonctionne.

66

CE QUI VOUS REND FORT

Dans l'économie actuelle, ce sont essentiellement quatre piliers qui vous rendent fort :

1. *votre capital personnel ;*
2. *vos capacités à vous présenter de manière convaincante ;*
3. *la construction et l'entretien d'un réseau professionnel ;*
4. *votre force créatrice.*

Ces quatre points nécessitent une nouvelle manière de penser et un nouveau regard sur votre force de travail. Vous n'êtes plus un simple salarié, mais votre propre entrepreneur. Vous êtes pour ainsi dire une entreprise individuelle. Il s'agit de considérer votre force de travail comme un facteur de production que vous créez et commercialisez vous-même. Ce point de vue ne se base pas sur un quelconque concept psychologique, il résulte du développement économique actuel. Dans cette nouvelle ère de l'information, le savoir est devenu un facteur de production. Et le savoir est produit par les humains : les machines sont certes capables de traiter des informations, mais elles ne produisent pas de savoir. C'est pour cela qu'on parle de capital humain.

Où en est votre capital personnel ? Peut-être êtes-vous comme la plupart des gens : nous avons accumulé de précieuses capacités et des expériences, mais nous avons à peine conscience de ce capital. Changez cela ! Vous avez l'occasion de faire un inventaire et de regarder vos trésors de plus près.

VOTRE CAPITAL PERSONNEL

Dans le monde du travail actuel, plus vous avez de savoir utile à proposer, plus vous êtes fort économiquement. Et il est tout à fait possible que vous n'ayez pas conscience de votre capital personnel. Il est judicieux de visualiser votre « fortune », de préférence par écrit.

Votre savoir-faire

Faites la liste de toutes vos formations initiales et continues.

_____

_____

_____

Notez toutes vos aptitudes et vos talents.

_____

_____

_____

Quelles connaissances avez-vous acquises au cours de vos précédents emplois ?

_____

_____

_____

_____

Quelles sont aujourd'hui vos spécialités ?

_____

_____

_____

Relevez tous les domaines professionnels dans lesquels vous avez acquis des compétences.

_____

_____

_____

_____

_____

Listez vos qualités humaines et relationnelles, ce que l'on appelle les soft skills*.

_____

_____

_____

_____

Décrivez votre capacité à apprendre.

_____

_____

_____

Notez tout ce que vous aimez faire et ce qui vous fait plaisir.

_____

_____

_____

Prenez conscience de ce qui vous passionne. Écrivez toutes les choses qui font que vous vous sentez bien.

_____

_____

_____

* NDT : Les _soft skills_ désignent les compétences non techniques : leadership, comportement, etc.

VOS TROIS AUTRES PILIERS

Présentez-vous de manière convaincante

⭐ À présent, vous avez noir sur blanc, sur la page précédente, un résumé de votre capital. Mais il ne suffit pas de posséder ce capital, encore faut-il être capable de le présenter – au sein de votre entreprise ou auprès de l'entourage dans lequel vous travaillez. La rhétorique joue ici un rôle important. Pouvez-vous présenter votre capital de façon plausible, complète et pertinente ? Par oral et par écrit ? Si vous ne trouvez pas les mots convaincants pour valoriser votre fortune, les autres ne seront pas en mesure de l'évaluer. Les salariés en particulier ont du mal avec l'idée de faire leur propre publicité. Avant, un curriculum vitae bien rédigé et un bon entretien d'embauche suffisaient en matière de représentation de soi. Aujourd'hui l'autopromotion est un travail continu qui incombe à tous les porteurs de capital. Je parie que vous avez déjà une image dans votre entreprise, vous êtes déjà une « marque ». La question est de savoir si vous avez forgé votre image consciemment et si elle est vraiment optimale pour vous. Arrêtez d'attendre le jugement de vos collègues ou de « ceux d'en haut ». Créez votre propre profil.

Bâtissez et soignez votre réseau

⭐ Bâtissez un réseau professionnel et soignez le contact avec les membres d'autres entreprises et avec les indépendants œuvrant dans votre branche. Vous cessez ainsi de fixer votre attention sur votre propre emploi et gagnez un meilleur aperçu de la manière de travailler ailleurs. Vous voyez plus loin que le bout de votre nez et sortez de l'étroitesse de votre expérience. Vous acquérez de nouvelles idées et des stimulations que vous n'auriez pas découvertes par vous-même. Par ailleurs, il est très probable que vous trouviez votre nouveau travail grâce aux contacts de votre réseau.

Votre force créatrice

⭐ Votre lieu de travail n'est pas seulement l'endroit où vous gagnez de l'argent, c'est aussi celui où vous pouvez augmenter votre capital. Il existe sans doute pour votre job actuel une fiche de poste ou un descriptif qui indique quelles sont vos fonctions. Il importe néanmoins de constituer également un *descriptif de développement* pour vous-même. Vous indiquez à votre patron ou au service du personnel la direction dans laquelle vous souhaitez évoluer. Vous définissez les thèmes, les domaines ou les projets qui vous paraissent intéressants

N'attendez pas que les autres vous découvrent.
Découvrez-vous vous-même et forgez consciemment
et activement votre image.

et gratifiants. Ce qui veut dire que vous continuez régulièrement à mener des négociations et à apporter vos visions. Et votre pouvoir de négociation est d'autant plus élevé que votre capital est attractif.

Ces quatre points renforcent votre indépendance, mais c'est à vous de vous en occuper. Aucun supérieur ne vous mâchera le travail. Vous, et vous seul, êtes responsable de ce que vous faites de vous-même. La responsabilité personnelle est le maître mot. Ce qui se passe dans votre tête est d'une importance décisive, car les pensées déprimantes n'ont pas leur place au sein de cette force. Si vous avez décidé de créer, alors faites en sorte que votre cerveau ne soit pas en mode autosabotage, comme dans les exemples suivants : « À cinquante ans je fais partie des vieux schnocks », « Je suis trop jeune et inexpérimenté », « En tant que mère célibataire, je n'irai pas bien loin », « Je n'ai pas eu mon bac, je ne pourrai jamais prétendre à un tel poste. »

Ce qui vous déprécie n'a pas sa place dans vos pensées.

Occupez-vous activement de votre estime de soi, car c'est le fondement de votre capital. Vous n'êtes pas une feuille dans le vent, portée par les tourbillons de l'économie. Vous êtes le vent qui décide de sa propre direction.

Personne n'attend de vous que vous déplaciez des montagnes. Vous ne devez pas accomplir l'impossible, mais vous pouvez vous approcher à petits pas de ce votre objectif et de ce qui serait une perspective adaptée. C'est vous qui tenez la boussole en main. Et vous choisissez la direction que vous voulez suivre.

ÊTRE BIEN, INTENTIONNELLEMENT

Trucs et astuces

Lorsque nous sommes de bonne humeur, tout nous semble plus facile. Nous accomplissons davantage de choses en nous sentant bien, moins épuisés. La bonne humeur nous apporte de la vitalité et tout l'élan nécessaire pour commencer sans soucis et tenir jusqu'à la fin. Nous connaissons tous les bienfaits de la bonne humeur, mais comment la cultiver ?

Autant vous prévenir d'entrée de jeu : la bonne humeur, ça ne se force pas. Mais vous pouvez – sans contrainte ni pression – diriger les rails tout en douceur dans la bonne direction. Votre attention est un élément clé.

Ce sur quoi vous portez votre attention devient pour vous plus réel, plus grand et plus palpable.

DIRIGER SON ATTENTION

Si, par exemple, vous attachez beaucoup d'importance à vos propres pensées moroses, vous contribuerez à les renforcer et votre bonne humeur finira à la cave. Si vous passez votre temps à réfléchir aux pannes et aux couacs dans votre vie quotidienne et à en parler, vous leur accordez trop d'importance. Pour vous sentir mieux, dirigez plutôt votre attention sur les choses qui se passent bien dans votre quotidien. Grâce à cette attention intentionnellement dirigée, vous vous construisez des petites stations-service de bonne humeur. Voici quelques suggestions que vous pouvez mettre facilement en pratique.

Lâchez la mauvaise humeur tant qu'elle est petite

⭐ Même la plus mauvaise humeur a un début. Et c'est exactement à ce moment-là que vous pouvez y mettre fin. Ne la laissez pas s'installer, stoppez cette humeur dès le début. Vous remarquez que vous êtes en train de râler intérieurement au sujet de quelqu'un ou quelque chose ? Lâchez cette pensée. Retirez votre attention. Dès que vous sentez que vous vous laissez emporter par votre mauvaise humeur, mettez-y un terme.

Des perspectives positives

⭐ Lorsque nous contemplons la beauté, lorsque la beauté nous touche, nous accédons aux sphères plus élevées de la vie. Entourez-vous d'images qui vous procurent joie et harmonie. Affichez ces images positives un peu partout : à la maison, au bureau, sur votre smartphone, votre ordinateur, dans votre porte-document. Et regardez-les lorsque vous vous sentez mal.

Portez les lunettes de la réussite

⭐ Soyez attentif à ce qui fonctionne bien dans votre vie à l'heure actuelle. L'eau s'écoule-t-elle du robinet, la prise permet-elle d'avoir de l'électricité ? Avez-vous assez à manger, des vêtements à porter, un toit sur la tête ? Ceci fait partie des évidences qui contribuent à votre bien-être du moment. Et ce sont autant de bonnes raisons de vous réjouir et de développer une reconnaissance. La gratitude est une merveilleuse station-service pour la bonne humeur ! Prenez en considération tout ce que vous réussissez sans problèmes, à commencer par votre démarche droite en passant par votre capacité à enfiler vos chaussures, jusqu'à toutes ces petites activités qui vous paraissant si évidentes que vous n'y prêtez plus attention. Oui, il y a des milliers de choses évidentes que vous réglez aisément et ces réussites font partie du bilan de votre quotidien. Et si vous faisiez davantage attention aux mille choses qui fonctionnent bien, au lieu de gonfler le peu qui vous embarrasse ?

Des bisous pour l'ours grincheux

⭐ C'est finalement arrivé : vous avez une mauvaise journée et vous êtes mal luné. Avez-vous encore un moyen de vous sortir du pétrin ? Oui, vous pouvez encore inverser la vapeur en acceptant pleinement votre mauvaise humeur. Dites oui intérieurement à votre état grincheux et ouvrez-vous à cette expérience. Embrassez votre ours grincheux intérieur et faites-lui un gros bisou. Votre approbation chaleureuse vous sortira de votre morosité.

Et puis, on doit encore
AVOIR DU TEMPS
pour être tout simplement
ASSIS et REGARDER
devant soi.

Astrid Lindgren

Chapitre 3

En forme pour la paresse : comment être oisif et préserver sa productivité

Dans ce chapitre, vous apprendrez:

★ pourquoi il importe de vous déconnecter et de vous retirer de temps en temps ;

★ comment réussir à travailler sans être dérangé ;

★ pourquoi le loisir vous permet d'augmenter votre productivité ;

★ comment réserver du temps pour vous tourner les pouces ;

★ comment le plaisir peut vous rendre vraiment riche.

DÉCONNECTEZ-VOUS!

Éteignez votre mobile, la radio, la télévision, l'ordinateur, ne lisez pas vos mails. On arrête les fax, on lit le courrier plus tard… Éteignez tout. Plus nous sommes connectés et en réseau, plus il devient important de débrancher. Ne pas être en permanence joignable est un art et un vrai luxe – qui montre notre pouvoir personnel.

Avons-nous le contrôle des machines ou les machines nous contrôlent-elles? Réagissons-nous à chaque sonnerie de portable comme un chien au sifflement de son maître? Devons-nous lire tous nos mails immédiatement?

»——→ Ce qui était autrefois un outil de facilitation est devenu pour beaucoup de gens un automatisme. Le téléphone, le fax, les boîtes mail, les répondeurs, Internet, les réseaux sociaux, la télévision, la radio – telles sont les portes qui permettent au monde de nous atteindre en permanence. Et certaines personnes n'arrivent plus à les fermer. Elles sont sans cesse occupées à savoir ce que le monde leur veut et ce que font les autres. Lorsqu'on est toujours joignable, on peuple beaucoup sa vie d'histoires des autres et on court le risque de ne plus avoir le temps pour ses propres affaires. À cause des smartphones et de la possibilité de consulter sa boîte mail n'importe où, beaucoup de gens n'ont plus de recul par rapport à leur travail. Être joignable à tout moment a certes ses avantages, surtout lorsqu'il s'agit d'une urgence, mais on sait tous que les portables s'en fichent complètement de ce pour quoi ils sont utilisés. Si on les utilise sans précautions, ils dérangent, ils distraient et ils énervent.

»——→ Avant, un portable et une connexion Internet rapide étaient vraiment des signes de prestige qu'on exhibait avec fierté, mais ça aussi, c'est terminé. Un écolier sur deux tapote sur son smartphone quand il rentre de l'école et être connecté est devenu dans nombre d'entreprises une obligation. Un jeune consultant en affaires raconte : « Je travaille dans un cabinet de conseil en affaires réputé et on attend tout naturellement que je sois joignable à tout moment. Sur le chemin du client, chez le client

Débrancher et fermer la porte: vous avez besoin de moments calmes pour vous occuper de ce qui est vraiment important pour vous.

et sur le retour, nous sommes liés à l'entreprise par Internet. Les données sont échangées le soir depuis la chambre d'hôtel. Chez nous, le conseiller normal est un serviteur connecté, tenu par une longue laisse. Seuls ceux qui sont aux commandes de l'entreprise peuvent se permettre de partir en voyage, munis uniquement d'un stylo en argent. Ne pas être joignable est un privilège qui se mérite. »

LA BATAILLE POUR CAPTER VOTRE ATTENTION

Le nouveau luxe consiste à pouvoir se déconnecter de tout et disparaître. Nous en avons besoin pour faire vivre nos propres projets : travailler à quelque chose d'important, trouver un point crucial, avoir une discussion intéressante – ce n'est possible que dans les moments calmes. Des moments où vous n'êtes joignable pour personne, car au bout du compte tout le monde se bat pour capter votre attention.

Vous êtes sollicité de toutes parts pour acheter, regarder, saisir, participer. Tous les médias essaient de vous ferrer. Votre attention est la condition pour que d'autres puissent gagner de l'argent. Parce qu'ils se battent tous pour l'obtenir, leurs cris deviennent de plus en plus stridents et insistants. On est submergé d'images extrêmes et de promesses dramatiques. Dans ce flux d'informations, il est essentiel de développer une compétence :

La capacité de diriger votre attention sciemment sur ce qui vous est utile.

Ne pas se perdre dans le raffut du sensationnel, mais placer ses propres intérêts en priorité. La devise « moi d'abord » s'applique aussi ici. La meilleure réaction dans ce monde sauvage de l'information est de se déconnecter en toute conscience. *Fermer la porte avec détermination.*

LES TEMPS CALMES

Je n'aurais jamais écrit un livre,
si j'avais été joignable à tout moment.
Je m'isole pour écrire. Pendant
la journée, je ne suis pas disponible
pour au moins quatre heures.
Dans ces moments, peu m'importe
ce que les autres me veulent. La seule
chose qui compte c'est ce que je veux.
Le monde sauvage de l'information
doit attendre que je lui accorde
mon attention. Dans la chambre
où j'écris, il n'y a pas de téléphone,
pas de fax, pas de connexion Internet.
Lorsque je ferme la porte, le silence
s'installe. Tous ceux qui me connaissent
et qui travaillent avec moi s'en sont
accommodés. Je réponds à toutes
les sollicitations et j'envoie des messages
au monde – mais à mon rythme.
Cela ne crée de la frustration que
chez les gens stressés, pour lesquels
tout est toujours « urgent ». Les autres
respectent ma manière de travailler.

Au début, cet isolement m'a demandé
du courage. Cela ne fonctionne que
si l'on est sûr de soi. Assez sûr
pour être convaincu de ne rien rater,
de ne pas passer à côté de clients
importants ou de contrats.
Qu'il n'arrivera pas de catastrophe
si l'on ne répond pas au téléphone.
S'isoler n'est pas un acte pour

les trouillards. Toutefois, on gagne
en confiance quand on remarque
que le fait de se déconnecter apporte
une meilleure qualité de vie.
Nous pouvons travailler de manière
plus concentrée et profiter paisiblement
des moments de liberté.
Au lieu de faire tout en même temps,
on trouve un temps pour tout.
Si vous êtes très pris par votre vie
professionnelle ou personnelle, il se peut
qu'il vous semble difficile de vous
rendre indisponible. Vous pensez
probablement perdre le contact
avec les autres ou les décevoir.
Mais en réalité, les temps calmes sont
bénéfiques : votre quotidien devient
plus productif et plus simple.
Vous êtes plus concentré et vous vous
éparpillez moins.

TROIS BONNES RAISONS D'APPUYER SUR LE BOUTON OFF

Poursuivre des buts à long terme

⭐ Les bonnes idées et les projets prenants sont comme un amour profond, ils ne supportent pas les rivaux. Toutes les grandes œuvres sont nées d'une attention exclusive, car chaque interruption signifie que vous serez embarqué dans autre chose qui vous éloignera de l'essentiel. Ménagez-vous un temps calme, uniquement dédié à votre grand amour.

Finir ce qu'on a commencé

⭐ Si vous vous laissez interrompre en permanence, vous serez étouffé par les travaux commencés et les tâches inachevées. Toutes ces choses à moitié faites prennent la tête et une longue liste d'obligations se niche dans le cerveau pour créer une tension continue. Il manque une limite bien définie : une porte fermée avec une pancarte « ne pas déranger » peut faire des miracles.

Moins de palabres

⭐ Être toujours à la disposition des autres encourage les palabres. Si vous êtes éternellement joignable, vous incitez les gens à en profiter, car avec vous on peut papoter à volonté. Ainsi, la tambouille des pensées d'autrui atterrit dans votre tête. Il n'existe qu'une seule solution : fixez des temps de parole restreints pour que les gens en arrivent aux faits.

C'est vous qui décidez de la personne à qui vous accordez votre attention et à quel moment vous le faites. Ceci est valable pour le travail comme pour la vie privée. Vous pouvez habituer vos collègues et vos supérieurs au fait que vous souhaitiez travailler à certains moments sans être dérangé. La manière de gérer l'isolement à la maison dépend du fait que vous ayez ou non des enfants et de leur âge. Les femmes ont encore plus de mal à prendre des pauses. Une mère dit à ce sujet : « J'adore mes enfants, mais j'ai aussi besoin de temps pour moi, sinon je deviens lentement mais sûrement agressive. Alors, mon mari et moi avons instauré une règle afin que je puisse me retirer une fois par jour. Il a fallu quelques mois pour que mes enfants s'habituent à l'idée que leur maman était bien à la maison, mais qu'elle ne voulait pas être dérangée. »

L'ART DE NE PAS ÊTRE JOIGNABLE

1

Donnez-vous la permission

Se retirer à certains moments
ne veut pas dire être sans cœur ou égoïste,
mais professionnel. Vous assurez ainsi
le niveau de votre implication
et la qualité de votre performance.
C'est particulièrement valable
pour les mères.

2

Fixez des moments pour vous retirer

Décidez vous-même du moment
de votre isolement et n'attendez pas
qu'il soit « propice » ou qu'il « arrive ».
Vous pourriez jouer de malchance
et devoir attendre le début de votre retraite.
Si vous avez beaucoup à faire,
vous avez besoin d'un moment de répit
au quotidien. Votre entourage devra
s'y habituer.

3

Un endroit où vous détendre

Échappez au tumulte et trouvez un endroit où vous relaxer.
Peu importe s'il s'agit de votre garage, d'un arrêt de bus
au calme ou de votre salle de bains – l'essentiel est
que vous puissiez vous reposer. Parfois les promenades
ou des tours en vélo sont de bons moyens
pour s'échapper et déconnecter.

4

*Oubliez de temps en temps
votre portable à la maison*

Le monde ne s'écroule pas
si vous êtes brièvement injoignable.
Emmenez votre portable
intentionnellement quand c'est nécessaire,
sinon laissez-le dans un tiroir.
Mon dialogue préféré au sujet
des téléphones portables est le suivant :
« Voici trois jours que j'essaie
de te joindre sur ton portable,
tu ne réponds pas. »
« Oh, je suis désolé, j'étais en route. »

5

Pas d'arrosage permanent

L'hygiène de l'information représente
une nouvelle forme de fitness spirituel.
Il s'agit de s'informer de manière ciblée
au lieu de s'exposer en permanence.
Séparez le bon grain de l'ivraie.
Allumez et éteignez volontairement
les flots inutiles d'informations
sur Internet, à la télévision
et à la radio.

6

Créez de la distance

La boîte aux lettres et le répondeur
constituent de bons outils pour créer
de la distance, car vous pouvez décider
quand vous vous occuperez des messages
des autres. Ici aussi, il est pertinent
de regrouper le travail. Déterminez
un temps précis pour écouter
votre répondeur et répondre
aux mails et aux lettres.

ATTENTION, DANGER DE BURN OUT

Manu souffre d'un blocage d'écriture. Rédacteur au sein d'un petit quotidien, il écrit des chroniques et des articles sur les évènements locaux.

« Rumeurs, potins et petits scandales, dit Manu, c'est de cela que je vis. » Il est journaliste depuis près de dix ans et représente un peu l'archétype du reporter speed : beaucoup de café, barbe de trois jours, cheveux au vent, toujours à l'affût de nouveautés. Et il est surmené.

« J'ai commencé par la chronique locale, mais depuis je m'occupe aussi des rubriques télé et sport. » Manu fait partie des anciens de l'équipe de rédaction et, comme un élastique, il compense toute pénurie de personnel. « Le journal doit sortir tous les jours », explique-t-il. « On y arrive, mais depuis quelque temps, j'ai ce blocage pour écrire. Je suis assis devant l'écran et je n'avance pas. Ma tête est vide et les mots ne me viennent pas. » Manu en connaît la cause bien sûr : personne n'a besoin de lui expliquer qu'il travaille trop. Il est lucide, mais malgré cela il a du mal à se reposer.

Au fil des années, il s'est complètement identifié à son job, il s'est fondu dans le travail. Voilà pourquoi il n'arrive pas à faire de pause, même hors de son temps de travail. Lorsqu'il entend par hasard le soir dans un bar qu'on va changer l'entraineur de l'équipe locale, il réfléchit à un titre. Cette implication 24 h/24 a un prix : sa vie privée est une peau de chagrin et, maintenant, son efficacité en prend un coup.

ATTENTION, SIGNAL D'ALARME !

Voici les signaux d'alarme les plus répandus pour vous avertir que vous travaillez trop.

Les dépendances augmentent
⭐ Vous fumez plus que d'habitude et vous buvez de plus en plus souvent un ou deux verres de votre boisson alcoolisée préférée pour vous détendre. Vous mangez davantage de sucreries et buvez davantage de café pour rester éveillé.

> *Si nous ne nous reposons*
> *pas assez pendant une trop*
> *longue période, notre corps*
> *et notre esprit commencent*
> *à envoyer des avis de panne.*
> *Des signaux d'alarme pour*
> *nous dire : «Attention, quelque*
> *chose ne tourne pas rond. »*
> *Souvent ce ne sont que*
> *de petits problèmes, un léger*
> *malaise, une irritation croissante.*
> *Pas vraiment de quoi*
> *nous inquiéter : c'est pourquoi*
> *ces petits avertissements sont*
> *souvent ignorés. On a une*
> *mauvaise journée, on s'est levé*
> *du pied gauche ou c'est la faute*
> *de la météo... Mais ces petits*
> *désagréments sont des signes*
> *précieux pour nous avertir*
> *que nous sommes en train*
> *de perdre notre équilibre,*
> *que nous glissons dans une vision*
> *biaisée qui nous rend malades.*

Les insomnies

⭐ L'endormissement vous pose de plus en plus de problèmes, vous restez éveillé et les pensées les plus diverses occupent votre esprit. Lorsque vous vous réveillez en pleine nuit, la valse des pensées continue et vous avez du mal à vous rendormir. Vous vous réveillez épuisé au lieu de vous sentir reposé.

La compréhension envers les autres diminue

⭐ Vous remarquez que les travers des autres vous énervent plus facilement. Quand vous étiez détendu, vous étiez capable de passer outre, mais quand vous manquez de repos, vous réagissez avec irritation. Surtout quand quelque chose ne fonctionne pas ou que les autres sont trop lents.

Le déficit d'attention

⭐ Vous constatez que vous êtes plus souvent distrait : au milieu d'une conversation, vous remarquez que vous n'avez pas écouté parce que vous étiez ailleurs dans vos pensées, vous cherchez les clés de la maison et ne savez plus ce que vous avez fait de votre carte de crédit. Et pendant que vous y réfléchissez en voiture, vous loupez la sortie. Les erreurs d'inattention se multiplient.

Le goût du plaisir diminue

⭐ Vous êtes obsédé par ce que vous avez à faire et vous négligez les petites joies sur le bord du chemin. Tout tourne autour de l'accomplissement de votre travail. La contemplation, les sensations, le plaisir quittent tout doucement votre vie quotidienne. Lorsque vous avez un peu de temps, vous le consacrez à vous armer pour votre travail du lendemain.

NE PAS ÊTRE UN PETIT ROUAGE DANS LA MACHINE

Trop de travail et trop peu de compensation ne mènent pas au succès, mais à l'arrêt.

Le remède est simple et facile : arrêtez de vous identifier à votre travail. Ne démissionnez pas tout de suite, mais redevenez une personne indépendante. Quelqu'un qui a un job et qui n'est pas son job. Manu devait ainsi se détacher tous les jours à nouveau de son existence de journaliste et marquer une vraie pause après son travail. Ce qui lui manquait était l'oisiveté, car ses journées se résumaient au devoir. Il accomplissait ses tâches, mais n'avait pas de temps d'inactivité. Être inactif ne veut pas nécessairement dire ne plus bouger un petit doigt, mais seulement exister sans pression et sans exigence de performance. Ne rien produire et ne plus être un rouage dans la machine.

Manu prit au sérieux le signal d'alarme donné par son blocage d'écriture. Il avait besoin d'un contrepoids à son travail. L'ayant compris, il développa sa propre manière de ne rien faire : il se remit à la batterie. Avant de devenir rédacteur, il avait fait pendant deux ans de la musique avec des amis. Plus tard, submergé par le travail, il avait laissé tomber cette passion. Il se remit donc à jouer et renoua le contact avec ses anciens amis. Faire de la musique dans un groupe était une chose qu'il avait toujours aimée du fond du cœur. Il n'avait pas besoin d'être efficace et pouvait se vider la tête. La musique était pour lui à l'opposé de l'exigence de son travail. Et lorsque le rythme était revenu dans sa vie, son blocage disparut, du jour au lendemain. Il avait à nouveau une vie privée, c'est pourquoi il disait de temps en temps non au travail. Il n'était plus extensible comme un élastique, il ne compensait plus naturellement chaque pénurie de personnel. Les relations avec ses collègues et le rédacteur en chef devinrent conflictuelles. Des tensions certes difficilement supportables, mais moins que ne l'aurait été le fait de travailler comme journaliste avec un blocage d'écriture.

L'OISIVETÉ DOIT AVOIR SA PLACE DANS L'AGENDA

Un préjugé demeure encore, en ce qui concerne le farniente : quand on ne fait rien, il ne se passe rien. Ne rien faire n'apporterait soi-disant rien. C'est totalement faux : sans de longs

*« En réalité, ne rien faire veut dire faire quelque chose
de très important. Ça permet à la vie de se manifester
— à votre vie. Ne rien faire est une chose vraiment fondamentale. »*
David Kundtz

moments à ne rien faire, je n'aurais jamais écrit ce livre. Chacun de mes livres et de mes concepts pour les séminaires est né d'un temps de repos. Une période pendant laquelle j'étais oisive, sans produire quelque chose ou sans vouloir quelque chose de précis. Des heures d'inoccupation, des journées à flâner, des séjours prolongés sur le canapé, des promenades ou du temps à glander au café. Pendant ce temps-là, ma créativité était en cure de bien-être, mon esprit vagabondait et, lorsque les deux étaient bien reposés, les bonnes idées me venaient tout naturellement.

EN FAIRE TROP TUE
NOTRE INSPIRATION.

Ce temps d'oisiveté, je l'appelle du « temps de travail ». Il constitue la base pour de nouvelles inspirations. Je lui réserve évidemment une place dans mon agenda. Dans ces moments, je suis bookée et injoignable. Je pourrais

évidemment travailler davantage et blinder mes journées libres de rendez-vous. Mais dans ce cas je scierais la branche qui me nourrit, une activité permanente serait la mort de ma créativité.

Notre esprit et notre intelligence ne se laissent pas exploiter comme une mine. Le journaliste qui souffre de blocage d'écriture le sait bien, tout comme le rédacteur publicitaire à court d'idées.

ASSEZ DE TEMPS
POUR NE RIEN FAIRE

Trucs et astuces

Si vous voulez accomplir plus en travaillant moins, vous avez besoin de prendre de temps en temps du recul par rapport à ce que vous faites. Un temps de réflexion. L'inactivité doit faire partie du quotidien, alors inscrivez ce temps de repos dans votre agenda avec un gros feutre. Voici trois propositions de ma part pour votre rendez-vous quotidien avec le farniente.

Tournez-vous les pouces

⭐ Notez plus souvent dans votre agenda « TP » pour « se tourner les pouces » et calez ce « TP » entre deux rendez-vous importants. Ainsi, vous obtiendrez la bonne distance vis-à-vis d'une activité et vous pourrez vous préparer plus facilement à la tâche suivante. Prenez dix à vingt minutes pour chaque « TP ».

Le rendez-vous avec le silence

⭐ Fixez chaque jour une conférence que vous ne tenez qu'avec vous-même. Une rencontre avec l'oisiveté.

Le seul point à l'ordre du jour : calmez vos pensées. Installez-vous confortablement et contemplez les nuages, laissez vos pensées divaguer sans vous en occuper.

Arrêtez le temps

⭐ Où que vous soyez, plongez dans le présent. Laissez filer toutes les pensées en rapport avec le passé ou l'avenir et ne vous éparpillez pas. Restez focalisé sur ce qui est là, maintenant, profitez de ce moment et ouvrez vos sens. Regardez autour de vous, sentez votre corps et écoutez les sons de la rue. Reniflez : Qu'est-ce que ça sent en ce moment ?

L'inactivité est la porte qui ouvre sur le plaisir. Et le plaisir est une vraie richesse, car au final il est la raison pour laquelle les gens veulent gagner autant d'argent. Ils veulent s'acheter plein de belles choses en espérant pouvoir ainsi pleinement profiter de la vie. C'est malheureusement souvent un leurre.

PLUS QUE DU PLAISIR

Exercice

Profiter – c'est le but ultime de toute cette envie de richesse. Goûter à la vie avec tous les sens en éveil. Pour atteindre cet objectif, beaucoup de gens acceptent pas mal de corvées, ils se mettent en quatre pour gagner l'argent nécessaire. Mais nous pouvons arriver à profiter dans l'immédiat sans beaucoup d'efforts. Voici un exercice simple à cet effet.

»⟶ Optez pour l'inactivité, puis devenez riche. Par exemple : Prenez un sachet de chips ou votre chocolat préféré et dégustez consciemment chaque bouchée comme si c'était la première de votre vie. Cela marche aussi avec des carottes ou des bananes, mais avec des aliments interdits, bannis des régimes, l'expérience est nettement plus jouissive.

»⟶ Restez attentif et ne vous laissez pas distraire. Le plaisir nécessite une certaine lenteur, un calme serein. Vous n'avez pas besoin de tout manger, mais vous n'êtes pas non plus obligé de vous restreindre. Il n'y a pas de but à atteindre, profitez simplement pleinement du plaisir.

Vous pouvez faire la même chose avec d'autres activités. L'important n'est pas ce que vous faites, mais comment vous le faites. L'immersion est essentielle. Cette capacité d'associer tous les sens et de vivre entièrement ce moment de joie.

∽∾⤙∾

Si vous me demandez combien de plaisir on devrait prendre de cette manière, je vous pose la question : « Quel degré de richesse voulez-vous atteindre ? »

SE REPOSER SANS CULPABILISER

Chacun d'entre nous possède son propre potentiel et son besoin individuel de repos. Ce qu'accomplissent ou n'accomplissent pas nos amis ou collègues n'est pas une référence. Rayez de votre vocabulaire la phrase : « Je dois y arriver, d'autres y arrivent. » Ce qui compte plutôt c'est : « Ne te compare pas aux autres, mais connais-toi toi-même. » La connaissance de soi est le point crucial quand il s'agit du bon équilibre entre le travail et la détente.

La connaissance de soi signifie devenir attentif à notre corps, à notre humeur et aux pensées qui nous traversent. Découvrez à quel moment un travail devient difficile et ce qui vous aide à vous reposer correctement. Par exemple devant l'ordinateur : À quel moment avez-vous été assis assez longtemps devant l'écran ? Sentez-vous une tension dans vos épaules ? Vos yeux sont-ils trop fatigués ? Perdez-vous votre concentration et commencez-vous à commettre des erreurs ? Quel genre de pause vous fait du bien ? Est-ce préférable pour vous de vous lever et de bouger ou de vous coucher et de fermer les yeux ?

> *Découvrez à quel moment quelque chose est de trop pour vous et ayez le courage de ne pas vous surmener. Suivez votre propre potentiel. Si vous devez choisir entre faire une pause ou continuer à travailler, pensez à ces deux mots : « Moi d'abord. »*

L'INACTIVITÉ RECHARGE LES BATTERIES

Pour pouvoir être admiré dans une société prônant la performance, il vaut mieux se doter d'une image forte. Du genre : « Je déborde d'énergie et de dynamisme. » Cela marche bien. Mais si tout le monde arbore cette attitude, il peut devenir difficile d'opter pour l'inactivité. C'est pourquoi beaucoup de gens s'en cachent et n'avouent pas qu'ils sont parfois au bord du gouffre. Au mieux, ils en parlent avec leurs amis très proches. Le fait de parler si peu de la détente fait naître une fausse impression. On se met rapidement à croire que les autres sont des actifs infatigables et qu'on est soi-même un glandeur. À cela s'ajoute le fait que même le repos n'est pas exempt d'une certaine idée de statut et de prestige. Quand les winners se détendent, c'est très sélect et « ça apporte quelque chose ». On continue à être super, même pendant le temps libre. On ne se contente pas de passer l'été au bord d'un lac, mais on va faire un saut dans le sud de la France parce qu'on y trouve les meilleures cures thalasso. Et on ne somnole pas dans un transat sur une terrasse, mais on va faire une retraite de méditation en Finlande. Je n'ai rien contre les beaux voyages, mais ce livre traite de choses simples, de ce que vous pouvez faire pour vous sans problèmes, sans culpabilité et sans beaucoup de frais. Ce sont les petites pauses que nous pouvons introduire immédiatement dans notre quotidien – sans beaucoup d'efforts. Car ce qui est facile à faire sera mis en pratique au quotidien. J'adore ces plaisirs simples, grâce auxquels nous rechargeons nos batteries. Mais les gens sont très différents, et ainsi même le farniente prend des allures différentes chez chacun. Je vous ai fait ci-dessous une liste des plaisirs les plus répandus chez les participants à mes séminaires. Peut-être y trouverez-vous quelque chose de sympa pour vous.

Les petites joies intermédiaires

⭐ Une tasse de thé et une vue sur la verdure.

⭐ Rester au lit jusqu'à midi le dimanche et traîner en pyjama toute la journée.

⭐ Être allongé sur le canapé et déguster des pralinés de luxe.

⭐ Faire une promenade et repérer les endroits avec une belle vue.

⭐ Un bon bain à l'eau de rose tout en écoutant de la musique et en chantant à tue-tête.

⭐ Regarder des dessins animés à la télévision.

⭐ Faire brûler de l'encens, écouter de la pop des années soixante et s'éclater en dansant.

⭐ Lire de vieilles lettres d'amour, puis en écrire une.

⭐ Manger de la pastèque ou des cerises et cracher les pépins au loin.

EN GUISE DE POSTFACE

Croyez-vous aux rêves ? Je veux dire en ces rêves qui nous accompagnent encore le matin au réveil ? Ont-ils une signification ? Ou sont-ils juste là pour divertir, pour que le sommeil ne soit pas si ennuyeux ? Beaucoup tombent dans l'oubli, mais certains rêves sont impressionnants, à tel point que, lorsqu'on se réveille, on ne sait pas si on a rêvé ou si c'est vraiment arrivé. Je veux vous raconter un tel rêve et, quand vous le lirez, vous remarquerez qu'étrangement, ce rêve n'appartient pas qu'à moi.

Il commence ainsi : Je me trouve à l'intérieur d'une vaste gare et je monte à bord d'un train moderne. L'équipement est confortable, les sièges sont larges et il y a peu de monde. Je trouve une belle place dans un wagon spacieux et je range ma valise. Le train démarre et, là, je remarque des gens bizarres. Ils se tiennent debout dans le couloir avec leurs valises, alors qu'il y a suffisamment de place pour s'asseoir. Mais ce qui est plus étrange encore, c'est qu'ils portent leurs bagages tout en restant debout. Ils ont des sacs, des cabas en plastique et des grosses

valises et, tout ça, ils le tiennent fermement dans leurs mains pendant que le train avance.

Je deviens curieuse et questionne un homme chargé de deux valises juste à côté de moi : « Vous ne voulez pas poser vos valises et vous asseoir ? » Il me regarde et dit d'un air sérieux : « Oh non, être assis ce n'est pas pour moi. C'est trop ennuyeux. J'ai besoin de défis. Après tout, dans la vie, on a envie d'y arriver. » Une femme

à ses côtés, avec deux grands sacs dans chaque main, opine du chef : « Oui, c'est pareil pour moi. Je suis tout simplement ambitieuse, je veux avancer et accomplir des choses. Et je l'assume ! » Je leur dis : « Mais ce serait plus facile si vous posiez simplement vos bagages. » L'homme secoue la tête : « Si l'on veut réussir, on doit faire des efforts. Mon père disait toujours : On n'a rien sans rien. Voyez-vous, il m'a laissé cette valise en cuir, elle est solide, on peut y mettre beaucoup de choses. » L'homme soulève un peu sa valise, ce qui fait légèrement trembler son bras. La femme avec les gros sacs ajoute : « Tout est question de motivation. Je me répète toujours : Quand on veut, on peut ! Cela m'a bien réussi jusqu'à présent. Et quand j'y serai arrivée, je prendrai du bon temps, je m'assoirai et j'allongerai les jambes. » Je voulais juste lui dire qu'elle pouvait s'asseoir tout de suite, quand j'ai entendu une voix : « Billets, s'il vous plaît ! » Une femme en uniforme bleu ciel traverse le wagon. Je lui montre mon billet et, lorsqu'elle se penche vers moi, je lui demande doucement : « Que se passe-t-il avec ces gens ? N'ont-ils pas réservé une place assise ? » La femme poinçonne mon billet et répond : « Chacun peut se mettre à l'aise comme il veut. Ces passagers ont choisi de rester debout et de porter leurs bagages. » Puis elle se penche un peu plus vers moi et ajoute : « Vous savez, ces gens croient que ce train avance uniquement s'ils portent leurs valises. » Effrayée, je demande : « Et c'est vrai ? » La femme en bleu me sourit et chuchote : « Je vais vous dire un secret professionnel : cela n'a pas d'importance qu'on porte sa charge ou qu'on la lâche. Cela revient au même, chaque passager arrive à sa destination. Chacun à son heure. » Je voulais juste poser une autre question lorsqu'elle m'interrompt, me souhaite une bonne journée et poursuit son chemin.

À ce moment précis, je me réveille. Heureusement que ce n'était qu'un rêve. En réalité, personne ne s'embêterait à porter ses bagages dans un train en marche. N'est-ce pas ?

Je vous souhaite un agréable voyage. Et mettez-vous à l'aise.

93

Dépôt légal : août 2017
Achevé d'imprimer en juillet 2017
Imprimé en Bulgarie par Flex